De una edad tal vez nunca vivida

Letras Hispánicas

Jorge Urrutia

De una edad tal vez nunca vivida

Edición de José M.ª Fernández Vázquez
y Consuelo Triviño Anzola

CÁTEDRA

LETRAS HISPÁNICAS

1.ª edición, mayo de 2025

Ilustración de cubierta: Joaquín Sorolla, *Subida al Jardín Alto.
Jardines del Alcázar de Sevilla* (1910), detalle

PAPEL DE FIBRA
CERTIFICADA

© Jorge Urrutia, 2025
© De la introducción y notas:
José M.ª Fernández Vázquez y Consuelo Triviño Anzola, 2025
© Ediciones Cátedra (Grupo Anaya, S. A.), 2025
Valentín Beato, 21. 28037 Madrid
Depósito legal: M. 3.713-2025
ISBN: 978-84-376-4908-5
Printed in Spain

Índice

Introducción

Jorge Urrutia es probablemente más conocido por su obra crítica y teórica que como creador. Sin embargo, y dentro de una moderna tradición española, podemos considerarlo (aunque no guste siempre la calificación) un poeta-profesor, como lo fueron autores de la generación del 27 u otros de la inmediata posguerra y, desde luego, numerosos de su propia generación, como Guillermo Carnero, Jacobo Cortines, Jon Juaristi, Fanny Rubio, Andrés Sánchez Robayna, Jaime Siles o Jenaro Talens, por mencionar solo unos cuantos.

La marcha paralela de la creación poética y de la reflexión crítica aporta en Jorge Urrutia la preocupación por la palabra y su investigación sobre las posibilidades del lenguaje, que explican muy bien su dedicación a la obra de Juan Ramón Jiménez o los estudios sobre el simbolismo. Las referencias al cine en sus poemas y prosas se justifican, no solo como marca generacional presente en casi todos aquellos que empiezan a escribir en torno a 1965 (algunos ya citados, pero también Luis Alberto de Cuenca, Pere Gimferrer o César Antonio Molina), sino también por los libros y ensayos sobre cine que nuestro autor publicó en los años setenta y ochenta del siglo pasado.

Insertos en su obra en verso, encontramos numerosos poemas en prosa, al menos desde *Del estado, evolución y permanencia del ánimo* (1977) y hasta el último de sus libros poéticos, *Ocupación de la ciudad prohibida* (2010)[1]. En 1985

---

[1] Desde 2010 hasta la fecha Jorge Urrutia no ha publicado un libro de poesía totalmente nuevo, pero sí varias antologías, en las que siempre ha incluido poemas inéditos. Véase la bibliografía.

vio la luz en Valencia un libro particularísimo de Jorge Urrutia, *Semió(p)tica. Sobre el sentido de lo visible,* en el que alternaban textos en una prosa seguida, sin puntuar, y ensayos teóricos y eruditos que dialogaban con ellos. Dos años más tarde, en 1987 publicó un libro en prosa, que él califica de «relato poético», *La travesía,* y en 1993, la importante revista *Syntaxis,* que dirigía Andrés Sánchez Robayna, incluyó ocho páginas de una serie de fragmentos de una posible novela lírica titulada *Y con muda sorpresa la observaba*[2].

La obra mayor hasta ahora escrita en su personal prosa es esta que ahora editamos, *De una edad tal vez nunca vivida* que, sin duda, se convirtió pronto en una suerte de libro de culto entre quienes lo han conocido. La práctica prosística de Jorge Urrutia no termina aquí. Numerosos escritos líricos en prosa están sembrados por revistas o libros de homenaje a amigos y a antiguos profesores; estos textos culminan en el que abrió el catálogo de la gran exposición del Instituto Cervantes dedicada a su padre, el poeta Leopoldo de Luis[3], bajo el título «Dos o tres cosas que sé de él», un

---

[2] *Syntaxis,* núms. 30/31, Tegueste (Tenerife, otoño de 1992-invierno de 1993). Entre otros nombres, en ese número de la revista colaboraban, además de Jorge Urrutia y el propio Andrés Sánchez Robayna, autores de la dimensión de Claude Esteban, Eduardo Lourenço, Eugenio de Andrade, José-Carlos Mainer, Severo Sarduy, Haroldo de Campos o Michel de Certeau. Es de subrayar la comunión más o menos sostenida en el tiempo de los poetas de esta generación: si Sánchez Robayna dirigía esta revista, *La travesía* estaba dedicada a Jenaro Talens, quien dirigía la colección donde apareció *Semió(p)tica;* Fanny Rubio fue alumna de Urrutia cuando este impartía Literatura Catalana en la Universidad Complutense de Madrid; Jacobo Cortines fue compañero de departamento durante los años que Jorge enseñó en la Universidad de Sevilla; César Antonio Molina, al ser nombrado director del Instituto Cervantes, llevó consigo a Jorge Urrutia como director académico; citas de poemas de Gimferrer o Siles se encuentran en los libros de Urrutia, etc.

[3] Jorge Urrutia, «Dos o tres cosas que sé de él», en AA. VV., *Leopoldo de Luis. Poeta en un tiempo sombrío,* Madrid, Instituto Cervantes, 2018. Nueva referencia cinematográfica, el título del texto de Urrutia parodia un título del cineasta francés Jean Luis Godard.

importante escrito que bien pudiera servir de origen para un nuevo libro del autor, también de aspecto más o menos autobiográfico.

Orígenes familiares y biografía

Jorge Urrutia Gómez nace en Madrid, en 1945, en el número 42 de la calle dedicada a la actriz romántica Jerónima Llorente, en el distrito de Tetuán. Nacer en la vivienda, atendido el parto por una matrona, era lo habitual en aquellos años. Al menos estaban también presentes los abuelos paternos, Vicenta Luis Cea y Alejandro Urrutia Cabezón, como diría el autor en una entrevista. Este y el padre, según la memoria familiar, se dieron un abrazo fuerte emocionados al saber que era varón. Cuando Jorge le preguntó un día a su madre la razón de esa muestra tan intensa de cariño, ella contestó que el motivo era que el apellido se mantenía. Debió de ser efecto de una tradición, porque el padre siempre confesó que hubiera preferido una niña e incluso tenía pensado el nombre.

La familia paterna procedía de Valladolid, aunque el abuelo, Alejandro Urrutia, nacido en La Coruña, se sentía profundamente cordobés y era dueño de una amplia cultura muy enraizada en Andalucía. Casado con Vicenta Luis, hija de un conocido farmacéutico de Valladolid, el matrimonio se había instalado en aquella ciudad castellana donde Leopoldo pasó su infancia y adolescencia, aunque naciera en Córdoba. Justo antes de la rebelión militar que desató la guerra civil, la familia sufre la ruina de su negocio de apósitos y otros productos sanitarios, lo que desestabilizó la vida burguesa de provincias a la que estaba habituada. Leopoldo y su hermana María Teresa habían sido enviados a estudiar a Madrid, alojándose en la sección de menores de la Residencia de Estudiantes y en la Residencia de Señoritas, respectivamente. Leopoldo, acuciado por la situación familiar, estudia apresuradamente Magisterio para poder trabajar pronto y comienza Filosofía y Letras, que no pudo continuar por su incorporación al frente de guerra en la defensa de Madrid, donde fue herido. Luego tuvo otros destinos, hasta acabar en el Estado Mayor del Ejército de Extremadura, que, al mando del general Escobar, se rindió a finales del invierno de 1939.

Jorge es, por lo tanto, hijo de una familia de vencidos de la guerra civil de 1936-1939 que sufrió los rigores de la posguerra. Su padre, el poeta Leopoldo de Luis[4], como miliciano, primero, y oficial, luego, del Ejército de la República, fue recluido en prisión al terminar la contienda, y estuvo en penales y campos de concentración. Su abuelo paterno fue depurado en su trabajo y nunca volvió a tener empleo estable, y su tío, el también poeta José Luis Gallego[5], cumplió una larga condena por delitos políticos tras serle conmutada la pena de muerte. Así pues, crece en el seno de una familia de represaliados cuyos pilares serán el valor ético y el compromiso social. Pero también va a vivir en un ambiente intelectual intenso. La poesía y la cultura estarán presentes en su infancia y primera juventud. A través de su padre, Jorge

---

[4] El nombre civil de Leopoldo de Luis era Leopoldo Urrutia Luis. Cuando volvió a publicar después de la guerra, ocultó por seguridad el primer apellido, debido a que había colaborado en la prensa republicana durante la contienda y sus poemas aparecieron en los cancioneros republicanos. Leopoldo de Luis fue uno de los varios seudónimos bajo los que escribieron combatientes de la República en la posguerra, como Gabriel Celaya (Rafael Mújica), Jorge Campos (Jorge Renales), Ramón de Garciasol (Miguel Alonso Calvo) o Pablo Herrera (Pascual Pla y Beltrán), entre otros...

[5] José Luis Gallego (Valladolid, 1913-Madrid, 1980) perteneció a la conocida como generación del 36. Fue un activista político incansable, por lo que cumplió más de veinte años de prisión. Junto a Leopoldo, Germán Bleiberg y algún otro joven poeta, funda, justo antes de la guerra, la revista *Pregón literario*. Entre sus libros cabe destacar *Cinco poemas* (Premio Ágora de poesía, 1953) y *Prometeo XX* (1970). Se casó con María Teresa, hermana de Leopoldo.

Urrutia pudo conocer, desde temprana edad, a numerosos autores, especialmente a Vicente Aleixandre y Carmen Conde, circunstancia que señala la hispanista italiana Maria Caterina Ruta, quien comenta su adolescencia y juventud:

> Possiamo immaginare che gli anni della formazione giovanile trascorsero fra le molte raccolte di poesie di poeti spañoli e stranieri che aveva a sua disposizione, gli incontri con i poeti amici di famiglia, le discussioni col padre sull'attività creativa. Tutto ciò non poteva che favorire una vocazione, che si imponeva paralelamente agli studi di carattere academico (Ruta, 2005, 106)[6].

Durante el periodo en el campo de concentración instalado en Jimena de la Frontera, provincia de Cádiz, donde los prisioneros pueden disfrutar de un corto tiempo de paseo semanal, Leopoldo Urrutia de Luis entabla una relación con quien será su esposa, María Gómez Sierra, madre de Jorge Urrutia. El encuentro de sus padres en aquella pequeña población próxima al peñón de Gibraltar y a la bahía de Algeciras, en 1939, forma parte de la mitología personal de Jorge. El momento en que la muchacha que sería su madre calma la sed del condenado con el agua de la fuente del Regüé se convierte en un motivo poético recurrente[7]. Recuperada la vida civil ya en los albores de 1944, Leopoldo colaboraría con casi todas las revistas literarias del momento y sería asiduo de las tertulias en el Café Gijón, que tan vívidamente recordase Francisco Umbral en su paradigmático testimonio *La noche que llegué al Café Gijón* (1977).

---

[6] Maria Caterina Ruta, *Novecento ispanico,* pág. 106.

[7] Puede leerse sobre este periodo de la vida de Leopoldo en el libro de Juan Ignacio Trillo Huertas *La herida de Leopoldo de Luis en el paraíso del Sur.* Otros datos pueden encontrarse en el texto ya citado «Dos o tres cosas que sé de él» y en el libro homenaje a Leopoldo de Luis *Será sencillamente.*

Leopoldo de Luis y María Gómez se casaron el 4 de diciembre de 1944. El matrimonio se instaló en un barrio madrileño próximo al metro de Estrecho, un suburbio popular del extrarradio, que fue creciendo con las oleadas migratorias de la población rural hacia la ciudad, donde se asentaron obreros, artesanos y pequeños comerciantes. El piso donde transcurre la infancia de Jorge Urrutia tenía una sola habitación que diera a la calle, con un balcón provisto de balaustrada de cemento donde jugaba de niño. Este era el único lugar de la vivienda por el que entraba el sol. Jorge lo evocará en su primer poemario, *Lágrimas saladas:* «Éramos veinte familias en la casa / había albañiles, choferes, fruteros, / dependientes, tres guardias... / en el primero, mi padre»[8]. Las ventanas interiores daban a un patio estrecho y oscuro. Como por entonces había restricciones de luz a ciertas horas de la tarde, tuvo que hacer muchas veces los deberes escolares a la luz de un quinqué de petróleo. En el tercer piso de la misma finca residían los abuelos paternos, junto con su tía María Teresa y su prima Maite. Jorge Urrutia se refiere a esos años en los que su casa, pese a todo, «Estaba llena de vida. Una vida castigada, contradicha por la alegría de los chicos subiendo y bajando las escaleras, teñida de colores, como una madeja de distintas lanas»[9]. El matrimonio decidió no tener más hijos para poder dedicar los recursos posibles a la educación del recién nacido.

En 1949, a la edad de cuatro años, Jorge Urrutia entra en el Jardín de Infancia del Liceo Francés, situado en la madrileña calle de Marqués de la Ensenada, en el edificio que hoy ocupa el Consejo Superior del Poder Judicial. En este centro también estudiaría su prima María Teresa Gallego que luego se convertirá en una reconocida traducto-

---

[8] Jorge Urrutia, *Lágrimas saladas,* Caracas, Lírica Hispánica, 1966, pág. 25.

[9] Jorge Urrutia, «Dos o tres cosas que sé de él», en AA. VV., *Leopoldo de Luis. Poeta en un tiempo sombrío,* pág. 16.

ra[10]. Allí aprenderá las primeras letras en francés a la par de la lengua materna. Esta formación francófona estará patente tanto en su actividad profesional como en su obra artística. Adquirió mayor riqueza léxica en este idioma, hasta el punto de que había términos del habla cotidiana en español que de niño desconocía, y tuvo temprana conciencia de lo que significa vivir entre dos lenguas. Costear los estudios del hijo en una institución tan prestigiosa como el Liceo Francés exigió no pocos sacrificios para la familia, pero el padre quiso ofrecerle una alternativa a la educación oficial española del franquismo. Este esfuerzo familiar para educar a su hijo en un entorno liberal y socialmente abierto obtendrá unos de sus exponentes culminantes en la temprana concesión a Jorge Urrutia, en 1972, del Premio Fray Luis de León, posteriormente Premio Nacional de Traducción, por su versión de los *Poemas* de Paul Éluard, así como años más tarde en una condecoración otorgada por el Estado francés. Aunque tal vez lo más interesante para nosotros es su devoción por la literatura francesa y la recurrencia de Urrutia al pensamiento crítico y teórico en esa lengua.

Como hemos dicho, la vida, la obra y el mundo al que pertenecía el padre marcarán la trayectoria vital y creativa del poeta Jorge Urrutia. Ambos compartirán, por ejemplo, la admiración por Juan Ramón Jiménez, cuya conferencia sobre política y poética había escuchado Leopoldo de Luis en la Residencia de Estudiantes. En una dirección complementaria, encontramos el legado más popular de la madre, quien también alimenta en el hijo la pasión por la lectura.

---

[10] María Teresa Gallego Urrutia (Madrid, 1943) es hija del poeta José Luis Gallego y de María Teresa Urrutia. Ha traducido más de 150 obras del francés y ha recibido importantes premios por su labor traductora, entre ellos el Premio Nacional Fray Luis de León y el Premio Stendhal (ambos compartidos con Isabel Reverte). También posee la Ordre des Arts et des Lettres que concede el Gobierno francés y el Premio Nacional a la Obra de un traductor.

Todos los días, cuando él está en casa, por enfermedad o durante las vacaciones, le trae un librito de cuentos de la famosa colección Calleja. De ambas facetas se nutre *De una edad tal vez nunca vivida,* libro de claros tintes autobiográficos, incluso en sus elementos ficticios y en la fabulación de episodios históricos presentes en la memoria colectiva.

La cercanía del abuelo Alejandro, quien iba a recogerlo al colegio en su primera infancia para llevarlo a casa a la hora de comer, también dejaría una huella imborrable en el nieto, por su talante liberal y su espíritu de socialista utópico[11]. De él diría Jorge: «Mi abuelo paterno era de numerosísimas lecturas y una agudeza crítica poco común»[12]. Al abuelo Alejandro dedica varias páginas en *De una edad tal vez nunca vivida* y lo relaciona con el primer acercamiento a la lectura y a los libros: «Para los aficionados a la lectura, como el abuelo de la melena blanca, ninguna explicación es necesaria. Simplemente se lee». Los primeros años, todas las mañanas Leopoldo dejaba a Jorge en la puerta del colegio y caminaba luego hasta la oficina. En la adolescencia invirtieron el orden, era el hijo quien «llevaba» al padre. Este ritual deja huella en ciertos textos del autor, como su evocación de la mano del padre o el trayecto mañanero juntos[13].

---

[11] En el libro *Del estado, evolución y permanencia del ánimo* le dedica un poema al abuelo paterno que se titula «Otro poema». Es un texto muy particular, con notas numeradas al margen, y en el que deja entrever, no solo el estado moral del abuelo, sino también su situación económica: «Ahora leo en tus libros, / aquellos libros que vendías y cambiabas, / que leías línea a línea...». El verbo *vender* lleva una nota que dice: «Ya no conocías el poder tener uno / sin vender antes otro. / Debía de ser igual / a un plan de educación / con cifra fija», *Del estado, evolución y permanencia del ánimo,* Zaragoza, Publicaciones Porvivir Independiente, 1979, pág. 29.

[12] Jorge Urrutia, «Poética en la crisis de la modernidad», núms. 1 y 2, 1985, pág. 14.

[13] Por ejemplo, en el texto X de *La travesía:* «... surge padre del bosque de las sílabas, sombrero y gabán gris, una sastra con rostro de acerico o volverá algún día, te da una mano grande que envuelve delicada, será el

Leopoldo, quien en 2003 obtendría el Premio Nacional de las Letras Españolas, buscaba equilibrar el presupuesto familiar presentándose a los numerosos concursos literarios que convocaban distintas entidades públicas municipales o regionales. Nuestro autor recuerda las ocasiones en las que el padre salía de viaje, con un esmoquin alquilado en la maleta, para recoger un premio (Jerez, Barcelona, Alicante, Mallorca, Tenerife...). Al habérsele negado el pasaporte, no pudo en cambio viajar a México a recibir el Premio Pedro Salinas del Ateneo, en 1952, otorgado por el exilio español. De cada viaje el padre regresaba siempre con un regalo para el niño, que vivía sus ausencias con emoción.

Para Jorge Urrutia, los años de infancia fueron felices[14]. Aprendió pronto qué se podía decir en la calle y qué no, como precaución esencial de la familia ante la represión del sistema político. De niño no echó de menos lujo alguno, porque el modelo de vida fue el ascetismo familiar. Era consciente de las dificultades económicas al presenciar las

---

abrigo nuevo que lleves al colegio, anda deprisa, le sigues, los desmontes, la escalera del metro mientras desabotona, te quita la bufanda, ofrece la mujer unos billetes rosa entre los dedos rojos, sonríes despeinado, el andén, la espera, el pequeño empujón, el silencio, que huele a sudor y almohada, lames ya los cristales del vagón disparado, lee el periódico despacio, atento, queriendo descubrir lo que nunca escribiera el sagaz periodista, rebuscando tal vez la luz oculta, una esperanza impresa, o no buscando nada, los cables suben y bajan en la pared del túnel, los miras, las palabras no pueden contener más el ansia, te sujeta la mano... [...] cambia el ruido de las vías, ambos sabéis que ya llegó el pequeño destino de todas las mañanas, la acera de castaños, ese beso a la puerta del colegio, lo ves alejarse... [...] se aleja padre con su alforja amarilla, con su peso de sangre y desengaño, con el eco de las frases hermosas que repetía despacio a tus oídos de niño afortunado, ¿pasó ya el tiempo de todos los olvidos?, fue hermosa sin embargo una infancia como hijo de vencido, conservas en tu frente las marcas de las puertas del metro, el sabor de las barras, el dolor de aquel pie que deslizaste entre el andén y el coche...».

[14] En el mismo texto X de *La travesía* se lee: «Fue hermosa sin embargo una infancia como hijo de vencido». Y en una conferencia sobre el *Quijote* afirmó que no es lo mismo ser vencido que ser derrotado.

discusiones de sus padres debido a los gastos cotidianos. Se acostumbró a jugar solo en casa, aunque en vacaciones, hasta que llegaba agosto y el veraneo con la familia materna, subía por las tardes a jugar con su prima Maite. Los domingos el padre acudía a primera hora de la tarde al café Gijón, lugar de reunión y tertulia de escritores y artistas, en cuya puerta lo recogían madre e hijo sobre las seis. Por eso, nuestro autor conoció muy pronto a escritores y actores como Gerardo Diego, uno de cuyos hijos, Diego, era compañero de clase, Ramón de Garciasol, José García Nieto, Antonio Buero Vallejo, Lauro Olmo, Fernando Fernán Gómez, Francisco Rabal, Camilo José Cela y otros. En casa de Gabriel Celaya, ya de adolescente, tuvo ocasión de conversar con Blas de Otero o Jorge Semprún, a quien entonces solo se le conocía por su seudónimo de militante clandestino. Con los años, Jorge hizo amistad con García Nieto, en cuya revista *Poesía Española* publicó con cierta frecuencia, conversó a menudo con Semprún en París o Madrid, o acudió invitado a los estrenos últimos de Buero Vallejo.

Del colegio recuerda con cariño a su profesora de Literatura, Carmen Cacharrón (a quien incluso le dedicó la tesis doctoral), y al profesor de Dibujo, un artista republicano represaliado, José Manaut Viglietti, buen pintor que, sin embargo, no consiguió que Jorge superara su total incapacidad para el dibujo. Tampoco la profesora de Música logró que entendiera algo de la frase musical o aprendiese a cantar.

Pese a su afición por la física, que aún mantiene, tras terminar el bachillerato ingresa en la Facultad de Filosofía y Letras de la Universidad Complutense de Madrid donde se licencia en Filología Románica en 1968. En sus aulas es alumno de Dámaso Alonso, de Rafael Lapesa y de Alonso Zamora Vicente, de quien se considera discípulo y quien le presenta a Ramón Menéndez Pidal. Asiste a las clases semiclandestinas de Poesía Árabe Contemporánea, impartidas por el profesor Martínez Montávez en el Ateneo de Madrid. Y, al tiempo, sigue estudios de Literatura Norteamericana con un joven y prometedor profesor, muerto prematuramente, Cándido Pérez Gállego. En el Instituto Francés, al que acude para ampliar sus conocimientos de literatura francesa, encuentra a Jean-Pierre Richard, discípulo de Gaston Bachelard, a cuyas clases sobre poesía moderna acude[15].

Su formación académica además significó un encuentro con otros jóvenes con quienes compartía preocupaciones literarias, artísticas y políticas[16]. El compromiso con la vida universitaria se observa en la frecuente colaboración en revistas literarias y reseñas de artículos, además de su trabajo en el teatro universitario, entre otras actividades estudiantiles. Interesado siempre por la lingüística general, terminada la licenciatura, cuando en 1969 disfrutaba de una beca de la Universidad Menéndez Pelayo de Santander, el profe-

---

[15] Jorge Urrutia recuerda con admiración esas clases que, poco después, reencontró en el libro de Jean-Pierre Richard *Onze études sur la poésie moderne,* París, Seuil, 1964. Como entonces fechaba los libros cuando los compraba, puede comprobarse que lo hizo en Estrasburgo, el 2 de enero de 1970, poco tiempo después de instalarse en aquella ciudad. Agradecemos al autor las informaciones que nos transmitió a lo largo de entrevistas particulares.

[16] La promoción de Urrutia se recordó durante algún tiempo por los profesores de la Facultad. Allí coincidieron jóvenes que luego renovaron los estudios literarios e históricos, como los lingüistas Manuel Ariza o Francisco Marcos Marín, los estudiosos de la literatura Pablo Jauralde Pou o Nicasio Salvador Miguel, los historiadores Juan Pablo Fusi y quien luego sería su mujer, Eva Rodríguez Halffter, José Varela Ortega o Javier Tusell, entre otros, además de creadores como Vicente Molina Foix, Juan José Millás o Alfonso Ungría (este último fue director de cine y realizó una primera película que resultó sorprendente, *El hombre oculto,* de la que se publicó una suerte de dosier: Alfonso Ungría, *El hombre oculto,* Barcelona, Tusquets, 1972). Fue, además, una promoción implicada en las protestas políticas estudiantiles; en una ocasión le fue retirado el carné de estudiante y se le prohibió entrar en la Facultad. Recuperó la documentación gracias a Carmen Conde, que trabajaba en el Rectorado de la Universidad. También fue herido por la policía en una manifestación y tuvo que permanecer hospitalizado un tiempo.

sor Eugenio Hernández Vista le propuso que fuera profesor de Lingüística Estructural en su cátedra de Filología Latina de la Universidad de Murcia, lo que Jorge rechazó porque Rafael Lapesa y Dámaso Alonso le aconsejaron marcharse de lector de Español a la Universidad de Estrasburgo, decisión que fue fundamental para su futuro.

Allí trabajó con el profesor André Labertit, un hispanista de escasa obra publicada pero con vastos conocimientos de las literaturas europeas. Por él conoció a Marcel Bataillon, a Bernard Pottier y a la plana mayor del hispanismo francés. Los años de Estrasburgo fueron muy ricos. Redactó su tesis doctoral, que luego presentaría en la Universidad Complutense, sobre cine y literatura. Viajó a París en numerosas ocasiones para conversar con Christian Metz, con quien empieza a trabajar sobre semiótica y semiótica del cine en particular y del que luego tradujo *Langage et cinéma;* gracias a él pudo visitar a Roland Barthes y conoció a Julia Kristeva. Por eso Jorge Urrutia fue uno de los primeros especialistas en España en las relaciones entre cine y literatura, y también uno de los primeros introductores de la reflexión semiótica en este país; esta formación lingüística y semiótica explica la deriva de mucha de su poesía. Asistió también en Estrasburgo a cursos del famoso Centre de Philologie Române, dirigido por el profesor Georges Straka, donde estudió Literatura Catalana con el profesor Germà Colom.

Retorna a España llamado por Alonso Zamora Vicente, quien le pide que imparta Literatura Catalana en el Departamento de Filología Románica de la Universidad Complutense. Jorge Urrutia cuenta que tuvo que hacer un enorme esfuerzo porque, con Germà Colom solo había trabajado la época medieval. Jorge Urrutia se doctora en 1972 con Premio Extraordinario con una tesis sobre cine y literatura, el mismo año en que también lo obtiene Carmen Martín Gaite. Él pensó aceptar una propuesta para pasar a enseñar Literatura Francesa Contemporánea, pero ganó unas primeras oposiciones de grado medio que le llevaron, a poco de casarse, a Cáceres. Allí tuvo la suerte de conocer al profesor Ricardo Senabre, quien le propone incorporarse, al año siguiente, a la recién creada Facultad de Filosofía y Letras de la Universidad de Extremadura. Los cinco años de trabajo junto al decano Senabre fueron de un enorme provecho. En aquella pequeña facultad, que contaba con una prodigiosa biblioteca, completó su formación, aprendió realmente a enseñar, obtuvo una plaza de profesor permanente, ganó una primera cátedra y preparó el salto a la cátedra de Literatura Española de la Universidad de Sevilla, la que habían desempeñado Pedro Salinas y Jorge Guillén, que obtuvo en 1979. A partir de esa fecha, su vida profesional es la propia de un catedrático universitario, con participación en cursos y congresos, viajes por España y el extranjero, y estancias como profesor invitado en universidades de Estados Unidos y Europa. En enero de 1993 se incorpora a la Universidad Carlos III de Madrid, por interés de su rector Gregorio Peces Barba, un catedrático socialista de Filosofía del Derecho que había presidido el Congreso de los Diputados[17].

La poesía de Jorge Urrutia

Jorge Urrutia forma parte del grupo de poetas que en la segunda mitad de los sesenta empezaron a publicar rompiendo con la estética imperante de alto contenido realista de los años cincuenta —que continuó de todas formas con la vertiente del grupo Claraboya y su poesía dialéctica—.

---

[17] Siendo catedrático de esta universidad, estuvo de profesor invitado en Estados Unidos, Francia, Italia y Marruecos. Vivió luego unos años en Lisboa como director del Instituto Cervantes en esa ciudad, lo que le facilitó la relación con escritores portugueses, como José Saramago, Lidia Jorge, Pedro Tamen, Almeida Faria o Nuno Júdice, entre otros. Posteriormente fue nombrado director académico del Instituto Cervantes.

Esa corriente, denominada de manera general e imprecisa como «los novísimos», se caracterizó por un concepto de la poesía que se entendió común a todos los de esa generación. En el prólogo a su antología, *Será presente lo que ya es pasado (Antología 1966-2016),* se llama la atención sobre este hecho de manera precisa:

> La descalificación con la posmodernidad de las urgencias políticas, en general, fijó un canon que ignoró la nueva vanguardia marcada por los posestructuralismos, que supo recuperar el concepto de poesía representada en la Generación del Cincuenta por José Ángel Valente: un compromiso ideológico que se plasmó en una postura ética de ruptura estética y una nueva mirada sobre la tradición, con poetas de la dimensión de José Miguel Ullán, Jenaro Talens, Aníbal Núñez, Clara Janés, Andrés Sánchez Robayna y Jorge Urrutia, entre otros[18].

Sin poner en duda, ni los aciertos estéticos, ni la capacidad para aglutinar de la crítica, la clasificación de un grupo poético «novísimo», que posibilitaba unas referencias comunes de creación, motivó que quedasen ensombrecidos para la crítica periodística aquellos autores que no seguían de modo fiel esas líneas de innovación tendentes al esteticismo y que quiso sistematizar sin exacto criterio José María Castellet[19].

---

[18] Consuelo Triviño Anzola, «Jorge Urrutia: saber es conocer», *Será presente lo que ya es pasado,* Madrid, Salto de Página, 2016, pág. 11.

[19] José María Castellet, *Nueve novísimos,* Barcelona, Barral Editores, 1970. Se ha comentado mucho, aunque no pueda afirmarse, que Castellet extrajo conclusiones y prologó una antología que le dieron prácticamente hecha algunos jóvenes poetas de Barcelona. También fue particular la selección de *Antología de la joven poesía española,* de Enrique Martín Pardo (Madrid, Pájaro Cascabel, 1967), para la que el autor pidió ayuda a amigos que le informaron de poetas que no conocía, hasta el punto de que el libro carece de índice y cuenta con notas bibliográficas solo de unos cuantos poetas porque, suponemos, de los restantes carecía de datos. Jorge Urrutia no figura en la antología de Castellet, pero sí en la de Martín Pardo.

En cualquier caso, «novísimo», sesenta años después, más que un término de clasificación inamovible habría que considerarlo como el punto de partida de un nuevo modo de entender la poesía a mediados de los años sesenta del siglo pasado.

La escritura no es un acto unitario. La creación literaria nace desde posicionamientos intelectuales y estéticos que conducen a formas heterogéneas, incluso en un mismo autor. Este derecho a la variedad en la producción poética permite que el escritor incluso se manifieste nuevo en cada obra. Urrutia señala que «solo por su lengua existe un escritor. Porque solo es verbo y verbo personal». Y con un concepto metapoético o, en la preocupación constante por la creación poética que observamos a lo largo de toda su obra, podemos encontrar otra afirmación que resume y al tiempo enmarca el centro de la escritura de Urrutia:

> Un día descubrí el placer, no solo de lo que decía mi página, sino del propio hecho de escribir. Comprendía que la importancia radica en la escritura, en la posibilidad de hacer mía, siquiera por una vez, la palabra. [...] Transformar el lenguaje con el trabajo de la escritura.

Percibimos algo similar a la labor del estudioso que examina la realidad desde un prisma concreto para intentar desentrañar y explicar los posibles significados. La escritura ensayística es propia de su condición de profesor de larga trayectoria, pero nuestro autor busca unir las preocupaciones teóricas con un manejo personal del lenguaje poético. Si, como escribe Santos Sanz Villanueva, «su labor creativa ha quedado eclipsada por sus trabajos como investigador; este riesgo de simultanear ambas actividades —con el peligro de que una se sobreimponga a la otra— es tal vez una nota distintiva de los poetas del setenta»[20]; pero Pilar Palo-

---

[20] Santos Sanz Villanueva, *Historia de la literatura española.6/2. El siglo XX. Literatura actual,* Barcelona, Ariel, 1985, pág. 449.

mo, en la puesta al día de la famosa *Historia de la literatura española* de Ángel Valbuena Prat, pudo considerar los libros de Jorge Urrutia *Del estado, evolución y permanencia del ánimo* (1979), *El grado fiero de la escritura* (1977) como dos libros de «la poesía experimental, que era, a la vez, trayectoria vital y experimentación crítica, que estructura una experiencia vanguardista de cercanía a teorías lingüísticas semióticas»[21]. La producción intelectual de Jorge Urrutia se ha ido elaborando junto a una escritura íntima, la del poeta que se justifica y constata en el mismo hecho de la obra creada. La verificación del texto literario es el mismo texto.

Su producción poética no es en modo alguno exigua. Diecisiete poemarios y dos libros en prosa ocupan su obra de creación, desde *Lágrimas saladas,* aparecido en Caracas en 1966, hasta *De la naturaleza de las cosas,* antología publicada por la Fundación Jorge Guillén de Valladolid en 2023, Jorge Urrutia ha logrado mantener una voz lírica personalísima que dificulta a la crítica encasillarlo en una determinada corriente o algún aluvión estético. Su poesía se ha renovado, aunque sin rupturas, en cada libro, en busca de una obra sólida y congruente. La indagación de los límites de la emoción poética y la construcción de una palabra lírica propia son los motores de sus versos. Isabel Román señala que:

> El conjunto de la obra poética se ofrece como un modelo de coherencia. Desde los tanteos juveniles se muestran ya las claves que habrían de ir desarrollándose paulatinamente en libros posteriores: la consciencia, de estirpe becqueriana, de que la poesía obliga a una denodada lucha con el lenguaje cotidiano y significa una plasmación material, formal, sin la que no existe, y en consecuencia, la lú-

---

[21] Ángel Valbuena Prat, *Historia de la literatura española,* tomo IV, ampliada y puesta al día por María Pilar Palomo, Barcelona, Gustavo Gili, 1983, págs. 785-786.

cida interrogación sobre la escritura en tanto que cauce de creación de la realidad que se inserta, a partir de *La travesía* (1987), en la metáfora del *homo viator,* del poeta como perpetuo buscador de la esencia poética[22].

SU EVOLUCIÓN POÉTICA

Aunque estas páginas sirven de introducción a un libro en prosa, como es *De una edad tal vez nunca vivida,* estimamos necesario detenernos en su obra en verso porque coincidencias y disidencias resultan harto significativas. En Jorge Urrutia la escritura en prosa y en verso surgen de idéntico venero, aunque el verso resulta en su caso más reflexivo que descriptivo.

Inicia su producción literaria en 1966 con *Lágrimas saladas* y, en 1968, continúa con *La fuente como un pájaro escondido* y *Con la espada de mi boca,* serie de poemas publicada en el volumen *Doce jóvenes poetas españoles* (1967), de la colección El Bardo, donde se percibe aún una preocupación social, aunque distanciada de los modelos realistas. Prieto de Paula ya destacó el primer libro entre aquellos que se escribieron en torno a 1963-1966 y que ya no se podían encuadrar con comodidad junto a los autores del medio siglo[23]. En 1967 Urrutia publica la *plaquette Amor canto el primero,* que empieza a perfilar, en una escasa decena de textos, elementos que se sucederán en sus libros mayores, como serán el mar —y su movimiento continuo—, el paseante —el movimiento del yo— y el lenguaje como creación en sí mismo. Pero es preciso señalar que en la

---

[22] Isabel Román Gutiérrez, «Presentación», en Francisco Estévez e Isabel Román Gutiérrez (eds.), *El mar de la palabra. La poesía de Jorge Urrutia,* Madrid, Biblioteca Nueva, 2011, pág. 13.

[23] Ángel L. Prieto de Paula, *Musa del 68,* Madrid, Hiperión, 1966, pág. 40.

cuarta parte de *Lágrimas saladas* engarza con la poesía más innovadora a través de un poema que lleva una cita de Pedro Gimferrer, «Oh bello bosque de cotiledóneas», ya que *Arde el mar* y *Lágrimas saladas* son del mismo año. Este primer libro de Urrutia incluye poemas de temática extraña, cuando no fantástica: «Paquidermos» o «El tren» a los que se podría definir de caprichos poéticos entre la ironía y la rabia. Del segundo poema citado dijo Gerardo Diego que muestra un tono existencial, fatal y pesimista, porque —seguía el poeta del 27— luchan la vida y la repulsión de ciertos aspectos de la realidad[24]. Visto con distancia, lo que hay aquí es un tono romántico que no existirá en el resto de la obra de Jorge Urrutia, pero también un tono fantástico que se mantendrá.

La fuente como un pájaro escondido (1968) es un volumen mucho más elaborado, aunque no llega a tener la unidad de libros posteriores. Se mezclan ciertos poemas probablemente de ocasión, «Poema ardiente», junto a uno dedicado a Vicente Aleixandre, dotado de cierto surrealismo, o «Fonética naumática» que hace de la escritura un trabajo fisiológico: «por devorar las glotis, epiglotis y el sello del cricoides»[25], empleando términos aparentemente no poéticos, rudos, y cuyo título tendrá reminiscencias en poemas muy posteriores. Esta primera época, según José Fernández Vázquez, muestra ya una constante de toda su poesía: el deseo de concebir el poema engarzado en una idea global, en una lectura superior al propio poema[26]. Paul Cahill apunta que *La fuente como un pájaro escondido*

---

[24] Gerardo Diego, Jorge Urrutia *(Lágrimas saladas y Amor canto el primero),* recogido en Francisco Estévez e Isabel Román (eds.), *El mar de la palabra. La poesía de Jorge Urrutia,* pág. 41.

[25] Jorge Urrutia, *La fuente como un pájaro escondido,* Bilbao, Editorial Vizcaína, 1968, pág. 82.

[26] José María Fernández Vázquez, «Los libros iniciales de Jorge Urrutia», en Francisco Estévez e Isabel Román Gutiérrez (eds.), pág. 47.

combina la actividad crítica y académica característica de un poeta-profesor con el activismo político del movimiento estudiantil, así demostrando una interrogación crítica de su situación política que anhela ir más allá de la posición social realista frente a lo social, lo político y el papel desempeñado por la poesía en la sociedad[27].

La primera clave de la obra de Jorge Urrutia hay que encontrarla en el distanciamiento entre los libros de finales de los años sesenta y el volumen siguiente *El grado fiero de la escritura* (1977). Este decenio de silencio, periodo de reflexión fundamental en su quehacer poético, tal vez lo relegó de la inclusión en los círculos poéticos de referencia del momento que, por otro lado, se sucedían con inusitada velocidad. La larga pausa permitió que su poesía pudiera crecer —salvarlo como poeta se podría afirmar—, porque evitó que entrase en aquellas ininterrumpidas oleadas, tendencias y antologías, tantas veces manidas y repetidas, que marcaron el devenir de la poesía «novísima».

Son años sin publicar, que no sin escribir. *Del estado, evolución y permanencia del ánimo* (1979) es, sin embargo, de una redacción anterior a *El grado fiero de la escritura* (1977). No solo cabrían argumentos formales para demostrarlo, sino también las referencias espaciales a las que alude. El libro de 1979 ofrece experiencias más cercanas a su estancia en Estrasburgo como profesor, en cambio la cohesión del texto de 1977 podría hacer sentir la espesura, la «solidez espiritual» de Cáceres, donde ejerció también en la Universidad, que le habría permitido hacer el esfuerzo de composición y reflexión patente en la obra.

Del estado, evolución y permanencia del ánimo (1979) es probablemente su libro más «contemporáneo» si adelanta-

---

[27] Paul Cahill, «El otoño del paradigma en *La fuente como un pájaro escondido* de Jorge Urrutia», en Francisco Estévez e Isabel Román Gutiérrez (eds.), pág. 66.

mos la fecha de escritura a los primeros años de los setenta, casi cuando se empieza a superar el instante inicial novísimo. El libro se podría encuadrar en lo que Marta Sanz ha llamado «primera categoría de poetas lingüísticamente arriesgados»[28]. Afirma el propio autor que lo escribió entre 1968 y 1972, aunque a nosotros nos parece que 1968 es fecha algo temprana. En el libro hay un culturalismo evidente, propio del primer momento, pero destaca ya una construcción formal más novedosa, como el narrativismo con ausencia de puntuación, la utilización de versículos, la escritura en *collage* de algunos textos y la ruptura formal explicitada con poemas verticales. Marta Sanz sugiere que el texto de Urrutia

> [...] se concibe como aventura existencial, lingüística y generacional. Para re-conocerse en la Historia, el poeta extrema los mecanismos de su relación con el lenguaje: el experimento con la palabra poética deviene en instrumento para la compresión de la biografía.

También se percibe en el texto una ironía que navega entre el desencanto más patente y un peculiar e hiriente sentido del humor, según se puede observar en las deconstructivas referencias finales del libro. Carlos Murciano no duda en calificarlo como «desasosegado y desasosegante», y opina que recoge

> una poesía rompedora, experimental, sacudida por mil corrientes —externas e internas—, sujeta a un olear rebelde, a un proceso indagador que culmina en aciertos tantas veces, en sorprendentes giros, esbozos, intuiciones, caladuras, muchas otras[29].

---

[28] Marta Sanz, *Metalingüísticos y sentimentales. Antología de la poesía española (1966-2000)*, Madrid, Biblioteca Nueva, 2007, pág. 55, luego pág. 260.
[29] Carlos Murciano, «Correo poético español», en *Poesía de Venezuela*, núm. 100, noviembre-diciembre de 1979, pág. 4.

Estas afirmaciones de libro rompedor, de experimentalismo poético, pero cargado de un contenido semántico propio que supera la mera forma, se pueden registrar en las diversas críticas que sugirió su publicación. Así, para Dámaso Santos, el libro no es tan solo «un alarde de dominio y fijación de un arte nuevo de escribir poemas, sino de expresar en él la profunda verdad de cuanto el título enuncia y mucho más allá de su glosario»[30]. Aníbal C. Barrios define el carácter del texto por su «reflexión, meditación o *interpretación del ámbito* cultural e histórico que constituye con el hombre su circunstancia vital, su mundo explicativo o justificativo»[31].

Pero junto a estos rasgos, que se podrían considerar marcas de época, observamos ciertos aspectos que puntualizan las diferencias, como la huella de autores de la generación poética del 27: Rafael Alberti, Jorge Guillén o Dámaso Alonso. Del mismo modo, será entre los poetas nuevos (y por la fecha de edición de sus primeros libros se podría encuadrar a Urrutia en la primera hora, aunque con claros matices), uno de los pocos que reivindicará a Antonio Machado, en el poema «Pectoriloquio», solo aparentemente irónico en su parodia: «Converso con el pobre que siempre va escondido / —quien habla poco espera hablar a dos un día—»[32], y en su última antología, *De la naturaleza de las cosas,* se incluye como inédito un poema titulado «Aplicación personal y otras glosas de un poema de don Antonio Machado», publicado ya en 1979 en el volumen *Homenaje a Antonio Machado en el Cuarenta Aniversario de su muerte,* que editó el Partido Socialista Obrero Español. Urrutia volvió a Machado en 2018, dentro de una antología de la

---

[30] Dámaso Santos, «Jorge Urrutia, más allá del "grado fiero" de la escritura», diario *Pueblo,* 17 de mayo de 1980, pág. 29.

[31] Aníbal C. Barrios, «Interpretación del ámbito», en *Informaciones,* 2 de febrero de 1980.

[32] Jorge Urrutia, *El grado fiero de la escritura,* Madrid, Carboneras de Guadazaón, El toro de barro, 1977, pág. 27.

editorial Visor, *Estos días azules y este sol de la infancia. Poemas para Antonio Machado,* donde figura con un poema que se tituló «Pasado del presente».

La influencia machadiana será patente en algunos poemas de *Invención del enigma* (1991) o de *Cabeza de lobo para un pasavante* (1996). La recuperación de Machado y luego de Juan Ramón Jiménez, de la mano de Vicente Aleixandre —sin pasar por el barniz cernudiano—, convierten la obra de Jorge Urrutia en un caso particular, no solo por entender el simbolismo como el movimiento moderno de la poesía, sino por buscarlo en los autores españoles; pero además suma el valor del compromiso ético y estético que ambos escritores asumieron con la creación literaria. No es extraño, por tanto, encontrar en su libro *El mar o la impostura* (2004) un poema como «Homenaje filial a Juan Ramón Jiménez», al que pertenecen los siguientes versos: «El viaje, de nuevo, poeta interminable / que acompaña la ruta, un Baedeker / leído día tras día. ¿O lo escribió él mismo / con estos malvas tuyos que ha reencontrado en Módica?»[33]. La influencia de Juan Ramón Jiménez y Antonio Machado es una confluencia estética y ética, siempre presente en Jorge Urrutia, de lo que pudiéramos catalogar de ética de la estética.

El grado fiero de la escritura (1977) supone uno de los intentos más serios en la producción del propio autor y de la época, porque significa una diferencia cualitativa respecto a las tendencias imperantes, fuesen estas la estética-culturalista, la poesía concreta o cualquiera otra. Es cierto que en la fecha de publicación del libro la oleada esteticista o «veneciana» empieza a ser rechazada, sustituida por una poesía más clasicista de la que propone Jorge Urrutia, mucho más radical en fondo y forma, entendiendo aquí radicalismo como un proceso de ruptura que, sin embargo, no

---

[33] Jorge Urrutia, *El mar o la impostura,* Madrid, Visor, pág. 99. El título «Homenaje filial a Juan Ramón Jiménez» proviene de un poema de José Luis Gallego.

se abandona a tentativas de fácil composición. *El grado fiero de la escritura* es un libro breve, pero de lectura compleja, que demanda al lector entrar en su dinámica, como indica Rolando Camozzi, «por momentos con una sensación lúdica y juguetona y en un reverso de seriedad casi trágica»[34]. Esta dualidad del esfuerzo que se exige al lector, hace imposible la indiferencia ante un texto a veces solapado por la evidente lucidez temática y formal de su siguiente libro.

El grado fiero de la escritura se encabeza con una cita de Roland Barthes de *Le degré zéro de l'écriture,* que lo arrastra, en un juego muy propio del poeta, desde su título. La palabra se construye en el sentido más literal del término. Esta no existe, sino que se *busca la forma, se construye, elabora, se tornea, se borda, se ama, se devora, se desgarra y llora*[35]. Como indica Manuel Quiroga Clérigo hay «una operación de ruptura de la palabra cotidiana y sus límites históricos»[36]. Igualmente, Ricardo Senabre subraya que aquí «la palabra es el instrumento que crea las cosas y las hace perdurar»[37]. Es una poesía alejada de cualquier sentimentalismo, dotada de pesimismo, no amargura, que no deja indiferente al lector ante la reflexión sobre el quehacer poético, que será una constante en el resto de su producción. No podemos dejar de traer a colación el título de uno de sus libros sobre el simbolismo: *La pasión del desánimo.* Para Pozuelo Yvancos es imposible entender los poemas del libro sin acercarse a

---

[34] Rolando Camozzi, «Jorge Urrutia, *El grado fiero de la escritura»,* en *La estafeta literaria,* núm. 620, 15 de septiembre de 1977, págs. 29-30.

[35] Son verbos que el poeta relaciona con la palabra en su libro.

[36] Manuel Quiroga Clérigo, Manuel Benavides y César Antonio Molina, *El curso literario español (septiembre 1977-junio 1978),* Barcelona, Víctor Poranco, 1978, pág. 42.

[37] Ricardo Senabre, «Leyendo *El grado fiero de la escritura»,* en Francisco Estévez e Isabel Román Gutiérrez (eds.).

los contextos de renovación y revolución sufridos por los conceptos de significante, de palabra, de significado, de sentido, que estaban operándose en el paso de la Filología a la Semiología, paralelo que se dio de la Gramática a la Lingüística[38].

Aquí la palabra es elemento clave de la poesía, fundamentalmente activa, según luego lo será la propia lengua: «La lengua es como un dedo que señala, / modela, marca, busca, precipita /toda ficción posible que es él mismo»[39].

Delimitaciones (1985) deriva directamente de *El grado fiero de la escritura* (1977), aunque sea un libro en el que se pretende domesticar ya la vanguardia. Marta Sanz recalca en torno a esta obra un nuevo silencio voluntario del poeta, desde *Del estado, evolución y permanencia del ánimo* (1979), en años

> significativos de cierto estado crítico de la conciencia poética; un estado de crisis que Urrutia compartía con otros compañeros de generación y sobre el que valdría la pena reflexionar: la verbosidad experimental se quiebra en el silencio[40].

La percepción de la tarea poética cambia. Maria Caterina Ruta reseña cómo hay un «progresivo abandono de las formas exteriores de experimentación y una mayor presencia de la experiencia cotidiana»[41]. La palabra, que antes se le enfrentaba, se alía ahora con él: «Eres, libro, mi voz o soy tu voz

---

[38] José María Pozuelo Yvancos, «Naufragio del verbo en la poesía de Jorge Urrutia. Sobre *El grado fiero de la escritura*», en *Poéticas de poeta: teoría, crítica y poesía;* el ensayo se recoge en Francisco Estévez e Isabel Román Gutiérrez (eds.).

[39] Jorge Urrutia, *Una pronunciación desconocida,* pág. 20.

[40] Marta Sanz, *Metalingüísticos y sentimentales,* pág. 264.

[41] Maria Caterina Ruta, «Los límites de la poesía en *Delimitaciones*», en Francisco Estévez e Isabel Román (eds.), pág. 137.

rota»[42]. Desde un punto de vista estilístico, el texto va a moverse entre el verso libre y la prosa poética con una puntuación de carácter escaso. El libro empieza a configurar al poeta como *alter ego* de sí mismo. La duplicidad de voces que intervienen en la producción artística para culminar en el poema será una de las constantes poéticas de Jorge Urrutia: «Ya solo sois palabras o silencio. / Ya solo sois yo, mi voz, / mi sabor de memoria. / Tiempo hecho saliva. / Verbo»[43].

Cada cierto tiempo, Jorge Urrutia ha sentido la necesidad de elaborar antologías de su obra, pero no con una voluntad cronológica, sino buscando una matizada significación de los poemas en el nuevo conjunto. La primera antología, *Construcción de la realidad* (1989), echa el cierre a unos años de experimentación para permitir al poeta emprender el camino de la madurez de la escritura. Ahora bien, Gregorio Torres Nebrera no duda en afirmar que no es «una antología de su personalísima poesía, sino un poemario nuevo»[44]. De hecho, se incorporan poemas de un libro inédito, y solo recogidos en su última antología de 2023, *Historia de la respuesta;* así, encontramos «Al Capone muere en Florida, enfermo y loco, a los cuarenta y ocho años» o «Juan Ramón Jiménez cena frente al mar en Puerto Rico». En estos dos textos se pueden percibir cambios que luego no perdurarían, pero que anuncian una posible nueva línea poética. En primer lugar, en ambos poemas hay un trabajo sobre la lengua más profundo, en cuanto no se intenta sorprender por el extrañamiento, sino por el manejo de los sentidos, por la precisión del término poético que ya se mostraba en el libro en prosa poética al que nos referiremos, *La travesía* (1987). En estos dos poemas, aparece tam-

---

[42] Jorge Urrutia, *Delimitaciones,* pág. 14.
[43] *Ibíd.,* pág. 61.
[44] Gregorio Torres Nebrera, *«Construcción de la realidad*. Lectura o (des)propósito», en Francisco Estévez e Isabel Román Gutiérrez (eds.), pág. 183.

bién la alusión a la muerte, asunto que Jorge Urrutia había rechazado hasta ahora en su escritura. Por último, estos escritos exploran la necesidad de encontrarse, con una especie de *alter ego* real o material, en las figuras de Al Capone y de Juan Ramón Jiménez. Estos otros *yoes* se definirán posteriormente, no tanto en personas reales como en figuras simbólicas, según se aprecia en el poema final de la antología, «Mirador», que luego abrirá *Invención del enigma* (1992).

La segunda etapa poética de Jorge Urrutia comprende primeramente tres libros que podemos calificar de mayores: *Invención del enigma* (1992), *Cabeza de lobo para un pasavante* (1996) y *Una pronunciación desconocida* (2001). A esta nómina hay que añadir *El mar o la impostura* (2004), que presenta peculiaridades diferentes, tanto formales como temáticas, pero mantiene y acrecienta la densidad poética de su obra. Estos libros poseen un alto contenido reflexivo que los aglutina; sería posible entenderlos a la luz de Heidegger y su «ser-en-el-mundo». El poeta va a tomar una nueva conciencia de sí mismo, del mundo que le rodea y, sobre todo, va a hacerla pública.

No pensemos que estamos cercanos a la poesía de la «experiencia cotidiana», el autor reflexiona sobre sí mismo, sobre su obra para luego mostrarla. Se podría hablar casi de fenomenología hermenéutica: «El mar es peligroso y el poeta /confunde muchas veces más que guía [...] / ¿Para quién, pues, navega el viajero? / ¿Qué más te da, lector?»[45]. Para ello, Jorge Urrutia recurre a planteamientos constructivos claros. En primer lugar, la figura del *yo* convertido en *otro* que está patente en estos libros: el viajero, el marinero o navegante y el poeta. Desaparece la primera persona gramatical que constituye tradicionalmente al sujeto lírico para utilizarse voluntariamente la tercera persona del sin-

---

[45] Jorge Urrutia, *Cabeza de lobo para un pasavante,* Madrid, Palas Atenea, 1996, pág. 41.

gular. El yo lírico aparecía definido ya en *Delimitaciones,* pero en estos libros la estructura poemática es más unitaria y se trabajan de modo más certero los aspectos externos del poema, se abandonan las largas composiciones para buscar un poema más equilibrado con la globalidad del libro. El juego de la tercera persona lírica proporciona una dialéctica, de particulares efectos estéticos, entre el distanciamiento y la implicación. No se puede dejar de resaltar el valor semántico de las figuras elegidas; el viajero, el marinero como el navegante son extraños que transitan en un mundo distinto y por descubrir; el poeta será también extranjero en la palabra que tiene que hacer suya.

Los cuatro personajes del *yo* son claros hilos conductores de la poesía. Se comprende que el poema «Mirador» inicie *Invención del enigma,* donde será el viajero quien se enfrente al mundo, o que el poeta que lee sus versos en la plaza abra *Una pronunciación desconocida,* o bien que «Gallardete», poema de *Cabeza de lobo para un pasavante,* también posea la función de expresión pública. El sujeto lírico, tan importante en toda la obra de Jorge Urrutia, se convierte aquí en un sujeto reflexivo. Triviño Anzola afirma que *Cabeza de lobo para un pasavante*

> cerraba un periodo de proceso de escritura, a la vez que constituía un punto de partida hacia la consolidación de las propuestas que definirían su universo poético. Demostraba madurez y un dominio del lenguaje entendido no como medio, sino como constitutivo del ser y de la realidad circundante[46].

Se puede entender este poemario como el libro de la mirada, aunque Caterina Ruta y otros especialistas amplían su contenido semántico al tacto: «Los sentidos de los que el

[46] Consuelo Triviño Anzola, «Introducción», en Jorge Urrutia, *Será presente lo que ya es pasado,* Madrid, Salto de Página, 2016, pág. 7.

poeta se sirve son prevalentemente la mirada y el tacto»[47]. Nosotros consideramos que el valor de la mirada, de la observación, es también notorio, de modo especial en la primera parte, el poeta necesita observar lo que le rodea para comprenderlo y hacerlo verso: «Si abre los ojos sabe. / Habrá luz y las líneas / dibujarán los límites fijados»[48].

Pero en estos tres libros, no solo se encuentra una reflexión temática, sino también un intenso trabajo formal. El autor abandona los experimentos de naturaleza lingüística que le habían acompañado hasta ahora, para acoger los versos endecasílabos y heptasílabos fundamentalmente, de carácter libre o asonantado. Es el intento, no solo de comprender y explicar el mundo, sino de adaptarlo, refrenarlo y medirlo. El poema se fundamenta en el ritmo pausado, en el deseo de controlar lo poemático, de investigar la forma clásica.

Una pronunciación desconocida (2001) es un volumen trabajado con gran mesura, como demuestra «Escrito de perfección», soneto secreto que debe descubrirse, y que recoge las inquietudes temáticas del poeta: el paso del tiempo, el mundo que lo rodea y el poema como materialización. Es un libro cerrado desde la composición inicial, «Un poeta lee sus versos en la plaza», hasta el texto final, «Coda», donde se refugia en sí mismo: «Cierra el cuaderno y la luz apaga [...] / hasta el puerto seguro de la casa»[49]. Se equilibra en seis partes con nueve poemas cada una. Este deseo de igualar su obra en partes perfectamente estructuradas se observa desde *Construcción de la realidad*. La reflexión y el deseo de encontrar una verdad poética son sus características fundamentales. Túa Blesa lo califica como «ideal [...] de sencillez que históricamente remite, cuando menos, al im-

---

[47] Maria Caterina Ruta, «Jorge Urrutia. *Será presente lo que ya es pasado...*», en *Cuadernos AISPI*, núm. 13, 2019, pág. 226.

[48] Jorge Urrutia, *Cabeza de lobo para un pasavante*, pág. 26.

[49] Jorge Urrutia, *Una pronunciación desconocida*, Madrid, DVD ediciones, 2001, pág. 87.

pulso humanista y que, desde luego, supone una aproximación de la literatura a la realidad, a la vida»[50]. Aquí encontramos el reflejo de la evolución creativa del propio autor. Así, el poema «Himno»[51] es una auténtica poética, una reflexión sobre el trabajo artístico y refleja el esfuerzo por atrapar la luz; junto a ella, se percibe un afán por cuidar la voz personal, por protegerla y, al tiempo, mostrarla, pues sin entrega no hay voz, ni luz, ni poesía[52]. A este respecto, Maria Grazia Profeti proclama el esfuerzo creador donde «la poesía no es consolación, sino un angustioso instrumento para medir la labilidad, la contradicción, el dolor de la experiencia, de la existencia»[53]. Sin embargo, al poeta solo le queda descubrir su propia voz irrenunciable.

Hemos de referirnos a *El mar o la impostura,* premio de poesía Gil de Biedma 2004, que también se puede incluir, como ya indicábamos, entre los libros mayores, aunque pueda entenderse como un nuevo camino donde lo conceptual y lo reflexivo predominan sobre lo sensorial. La madurez y la experiencia se imponen a la precipitación. La vida, con sus aciertos y fracasos, se pone en evidencia a pesar de que la ausencia y la muerte ya no pueden ser ignoradas. El poeta opta también por la tercera persona, que se manifiesta en este caso en el viajero y marinero por excelencia que es Ulises, porque en la vida solo cabe la búsqueda imposible y necesaria: «Un viaje, poeta, de nuevo, o es el mismo / trayecto inacabado de huida o de regreso»[54]. El

---

[50] Túa Blesa, «Gestos de consagración», *ABC Cultural,* 29 de septiembre de 2001, pág. 18.

[51] Isabel Román hace un preciso análisis de este poema en Peter Fröhlicher y otros (eds.), *Cien años de poesía. 72 poemas españoles del siglo xx: estructuras poéticas y pautas críticas,* Berna, Peter Lang, 2001, págs. 615-629.

[52] Jorge Urrutia, *Delimitaciones,* Madrid, Visor, 1985, págs. 20-21.

[53] Maria Grazia Profeti, «Una escritura y una lectura desconocida (Acerca de *Una pronunciación desconocida)»,* en Francisco Estévez e Isabel Román Gutiérrez (eds.), pág. 209.

[54] Jorge Urrutia, *El mar o la impostura,* pág. 99.

tono del libro tiene un carácter dual entre lo épico y lo elegíaco, donde solo existen la duda y la palabra como refugio, a veces frágil y siempre contradictorio, que aúna en sí la condición de hombre y de héroe frustrado e imposible. Diez de Revenga subraya que «es una palabra poética exigente bien fundamentada en una solidez intelectual, pero que llega plenamente al lector llena de vitalismo y reflexión»[55]. La palabra y el canto se convierten en el objetivo final del propio hombre: «Ansío encontrar la mina del canto y de la lengua»[56].

La obra está elaborada con una gran precisión en la estructura global, dividiéndose en cinco trípticos y cuatro libros. Predomina el verso endecasílabo de carácter libre, pero también conjuga ciertos poemas en prosa o evoca la forma clásica de las estancias, en este caso en versos libres, en el poema «Primera visión de Santarém», composición extensa y densa donde maneja el lenguaje poético con precisión. Lo cotidiano y sus objetos, la taza de café, la mesa... se transforman en el paisaje de una vida y, en el caso del poeta se convierte también en una mirada serena de su propia obra por medio de los elementos naturales, el aire, las olas, la luz... La poesía se hace una forma de habitar y de explicar el mundo que lo rodea y que no siempre es el deseado, de ahí las referencias a Bagdad: «En el infierno nunca se alcanza a dar un grito. / Papeles todos / que bien pudieran ser de piel humana»[57]. Luis García Jambrina señala cómo se

> engloba de forma armónica una serie de motivos diversos, entre ellos: el *homo viator* («Un hombre es un viaje»), la importancia del camino —incluidos los tiempos de «espera»— y de la experiencia en sí y no de la meta o de resulta-

[55] Francisco Javier Díez de Revenga, «Jorge Urrutia en su mundo», en *Poetas españoles del siglo XXI,* Barcelona, Calambur, 2015, pág. 52.
[56] Jorge Urrutia, *El mar o la impostura,* pág. 106.
[57] *Ibíd.,* pág. 78.

do («Desconocía / que Ítaca era él mismo»), el paso del tiempo como conquista e interiorización de un espacio propio, el tacto como origen del conocimiento, la palabra como herencia recibida[58].

El último libro de creación poética de Jorge Urrutia es *Ocupación de la ciudad prohibida* (2010), volumen que se publica al mismo tiempo que *De una edad tal vez nunca vivida* y lleva un gran número de textos en prosa. Se nota un acercamiento a esta fórmula expresiva por parte de Urrutia que, de todos modos, y como ya se ha dicho, nunca eludió plasmar su creación por medio de la prosa expresiva. Posteriormente publicará las antologías *Será presente lo que ya es pasado* (2016), *Presente continuo* (2018) y *De la naturaleza de las cosas* (2023).

Ocupación de la ciudad prohibida es también un libro complejo que supone la culminación de la trayectoria del poeta. Francisco Marcos Marín no duda en afirmar que los poemas «van profundizando en simbolismo. Ha ido ahondando en los contenidos, convencido de que la dialéctica comprensible/incomprensible en poesía se centra en el símbolo»[59]. Pero no solo el símbolo se presenta como elemento fundamental en la poesía de Jorge Urrutia. Fruto de una realización más material, ahora se recuperan los orígenes de la escritura: «¡Cómo juega la vida con los signos! / Los convierte en objetos, inventa los matices, / hace aire del cuerpo que, fonético, / significa por fin y sustituye / las cosas existentes[60]. No será la única alusión a la ejecución corpórea del poema, cuyas menciones fisiológicas de la

---

[58] Luis García Jambrina, «Lo que importa es el viaje», *ABC Cultural*, 15 enero de 2005.

[59] Francisco Marcos Marín, «Jorge Urrutia: *Ocupación de la ciudad prohibida*», El Imparcial, Los lunes de El Imparcial, 8 de mayo de 2011.

[60] Jorge Urrutia, *Ocupación de la ciudad prohibida*, Madrid, Calambur, 2010, pág. 32.

creación poética nos retrotraen a los inicios juveniles del autor. El libro se hace deudor del padre que acababa de morir en 2005 y que también iluminará gran parte *De una edad tal vez nunca vivida.* Es un claro homenaje al padre, pero también la reivindicación del poeta que fue Leopoldo de Luis. Esta presencia se hace patente en varios poemas a lo largo del libro. Así, podemos citar «Tiempo verbal» de patentes alusiones paternas: «¿Y dónde quedó el padre, agua de mar o granos / de arena, concha de caracol o soplo / de un suspiro escapado, lágrima / de sal y suero, palabra / que conserva su luz y puño / que ha sujetado el verbo / para que él haga ahora las preguntas?». Los entrecruzamientos entre ambos libros de 2010 son evidentes.

El crítico Diego Doncel, reseñando la antología *De la naturaleza de las cosas,* resume al decir que Jorge Urrutia «ha hecho la travesía de una poesía de carácter metalingüístico a una poesía de madurez donde la intimidad está en diálogo con el tiempo y con la identidad». Es una poesía, afirma, que «se para a contemplar el otro lado de las realidades, se sumerge en las zonas de lo desconocido para desentrañar el mensaje oculto de lo cotidiano, de lo que está ahí y es creado, ignorado o perseguido por nuestra conciencia»[61]. Nosotros tenemos que añadir que, en su obra en verso, Jorge Urrutia combina los mismos y parecidos constituyentes de su labor específica en prosa, aunque en esta tienda más a lo narrativo, lo que es natural, o a la alegoría, más que a la construcción simbólica. La narrativa produce una exteriorización de lo sentimental, que el autor corrige por el uso de la primera persona del singular en lugar de la tercera que, desde finales de los años ochenta, es habitual en su poesía en verso, con la intención precisa de distanciar la emoción.

---

[61]   Diego Doncel, «Envejecer ante las palabras», en *ABC Cultural,* 2 de septiembre de 2023, pág. 14.

En «Poema o rosa», perteneciente al libro *Cabeza de lobo para un pasavante* (1996), la segunda y última estrofa dice: «Es un tenue fulgor, un roce apenas, / labios finos, profundos, de la rosa / que ascienden desde el tallo y que sublevan / la pasión de la prosa». En la obra poética del autor la prosa es sin duda una pasión, hasta el punto de que la crítica pudiera dudar, como en alguna ocasión hiciera Andrés Sánchez Robayna, si no es, precisamente, este modo de escritura el que cabe destacar por encima de todo. No sería exagerado decir que Jorge Urrutia es autor de algunas de las más admirables páginas de la prosa contemporánea en español. Pero esa prosa surge estrictamente unida a su poesía en verso, nace, según acabamos de afirmar, de similares presupuestos estéticos (y por ello le hemos dedicado tanto espacio en esta introducción a los poemas), pero difiere en los procedimientos de construcción y de función.

Curiosamente, el primer poema en prosa que publicó es el que abre, en 1979, (aunque sabemos que el libro es de escritura bastante anterior) *Del estado, evolución y permanencia del ánimo*[62]. No lleva título ni mayúsculas y está impreso apaisado en la página, probablemente con cierto afán rupturista. Este es el poema, que por facilidad transcribimos en la distribución convencional de la página:

> empezar es conseguir amigos que soporten, lean, escuchen o simplemente tomen café en la espera y por eso es difícil.

---

[62] El libro, con un afán retórico casi del siglo XVIII se titula, en realidad: *Libro en el que se razona del estado, evolución y permanencia del ánimo (del autor) para recuerdo en aquellos que nacieron con las paces, reflexión en los que ya habían nacido y mejor educación en los más jóvenes, que escribe en diversos lugares y recopila en la ciudad de Madrid Jorge Urrutia.*

empezar podría ser llamarse de otra forma y ser ruso llamarse de otra forma y ser chino o no llamarse.

nacer junto al dicen aseguran creo será antiguo cuartel del quinto regimiento de milicianos soy del quinto regimiento que cantaban unidos los ángeles de vidrio.

ganarse las horas hablando de escritores castellanos, catalanes[63], franceses... la cultura que regala coches de plástico en cada envase o puntos canjeables por títulos de curso legal el gobernador ilegible, el interventor ilegible, el cajero ilegible

y un día comienza el sacrificio instalado este poeta en el altar solemne.

comienza a recortarse o lo recortan a cavarse, ampliarse el ombligo a sangrar o expeler aire putrefacto entre los árboles el parque el jardín real de católica majestad.

y surge el verso.

El verso surge por lo tanto de la experiencia vital y del conocimiento histórico. Pero, pese a la cronología de la escritura de Urrutia, no nace la prosa como un desarrollo del verso, sino que el verso mana de la prosa. Podríamos decir que el poeta ha descubierto íntimamente un ritmo interior del texto en prosa que le conduce a la escritura en verso. Precisamente, en un texto crítico muy posterior, escribirá que el ritmo poético no tiene nada que ver con la sonoridad externa, sino con la llegada acompasada de conceptos al poema. En un capítulo de su libro *Hallar la búsqueda (la construcción del Simbolismo español),* curso impartido en la City University of New York en 2013, Jorge Urrutia dice:

---

[63] Recordemos que Jorge Urrutia fue, durante tres cursos, profesor de Literatura Catalana en la Universidad Complutense de Madrid.

[...] en poesía hay que prescindir del significado sonoro del concepto musical. Uno de los poetas considerados «más musicales» Rubén Darío, sabía bien que establecer la relación de la música de la poesía basándose en los ritmos de las sonoridades era una superficialidad [...] y en *Prosas profanas* especifica claramente: «la música es solo de la idea, muchas veces» [...] Los románticos insistían en la música, pero como metáfora de la armonía universal o como símbolo. En los textos de Novalis esto es evidente. [...] El problema de los términos metafóricos o simbólicos cuyo uso se generaliza es que adquieren marchamo de verdaderos en su significado inmediato. La música, como denominación de la armonía universal, pasó a ser la música en cuanto a tal. La búsqueda de la música por la poesía se confundió con el ritmo. [...] Paul Verlaine, cuando iniciaba el famoso poema «Art poétique» [...] pidiendo la música ante todo, lo que hacía era defender el sentido de la sugerencia, sin intermediarios racionales, discursivos y afectivos, entendiendo que el arte de la sugerencia más evidente era la música y no reclama transposición alguna de los elementos musicales al poema. [...] Mallarmé solo envidiaba de la música el que pudiera transcribirse con una grafía propia, sin tener que recurrir a escrituras no específicamente suyas, como le sucede al poema. [...] En su conferencia «La música en las letras» reivindica la superioridad de lo escrito sobre la música. [...] Hay sin duda un ritmo de la conceptualización sobre el que, por ejemplo, podemos distinguir la poesía de la prosa, lo que permite la existencia del verso libre y de la llamada prosa poética, en sus distintas manifestaciones.

Y el capítulo concluye con un párrafo esencial que permite comprender la poética de la prosa en Jorge Urrutia:

La música, pues, en una poética del contenido, es fundamentalmente una metáfora que pretende expresar, por un lado, la interiorización de la poesía y la unión con un valor estético transhistórico del tipo de un misticismo laico y, por otro, el modo de aparición y distribución de los conceptos en el poema y la construcción del propio poema como enunciado unitario. Este es el sentido de lo musical, el acompañamiento de los conceptos, que domina la poesía de la modernidad[64].

Estemos o no de acuerdo plenamente con este original planteamiento poético de Jorge Urrutia, explica perfectamente no solo que unas veces escriba en verso y otras en prosa, sino también la combinación en el mismo poema de prosa y verso.

En el mismo libro *Del estado, evolución y permanencia del ánimo* aparecen otros poemas en prosa que Benigno León Felipe, describe como

> tiradas sin divisiones en párrafos, sin signos de puntuación, salvo casos aislados en partes de falsos versos como en «Viaje», uso exclusivo de minúsculas e incorporación de frases en otros idiomas, o de canciones transcritas fonéticamente y de diálogo en estilo directo sin ninguna indicación. En «Yo Che» utiliza la división en párrafos y el sangrado francés y en «Margen y poema para los manuscritos de un poeta nacido Miguel Hernández Giner» añade la división aleatoria de palabras al final de línea, conformando una «caja de prosa»[65].

Poemas en prosa se incluyen en *Delimitaciones* (1985), *Una pronunciación desconocida* (2001), *El mar o la impostura* (2004) y *Ocupación de la ciudad prohibida* (2010). Pero hay que destacar, asimismo, *Semió(p)tica* (1985), *La travesía* (1987), y los capítulos de un boceto de novela titulado *Y con muda sorpresa la observaba,* que se publicó en el año 1993 en la revista *Syntaxis* (núms. 30/31), que dirigía Andrés Sánchez Robayna.

---

[64] Jorge Urrutia, *Hallar la búsqueda (la construcción del Simbolismo español),* Nueva York-Valladolid, CUWY-Universidad de Valladolid, 2013, págs. 126-130, *passim*.

[65] Benigno León Felipe, «Introducción», *Antología del poema en prosa español,* Madrid, Biblioteca Nueva, 2005, pág. 141.

Si en su poesía Jorge Urrutia indaga en los límites de lo poético, tanto desde un punto de vista formal como semántico, hasta identificarse con lo escrito («el signo solo es él», llega a escribir en *Invención del enigma),* el poema solo puede ser expresión de su condición de hombre en el mundo, situación no siempre acogedora, por lo que el poeta, sin negarla, la reinventa y delimita dentro de un mar que es el de la palabra[66]. Por eso merece la pena resaltar el libro *Semió(p)tica* (1985) donde se produce la transgresión sorprendente de incorporar en un texto crítico textos creativos. Se alternan ocho textos de creación con seis ensayos sobre el teatro, el cine y la distancia cultural, con fragmentos de una historia amorosa en la que aparece y desaparece un personaje femenino nombrado Lisbella, nombre que el lector recordará como el del personaje protagonista de *La Bella malmaridada,* de Lope de Vega. La parte teórica viene a coincidir, o se ve metaforizada en la historia de los posibles amantes en la seguridad de la ficción:

te adoré cuidé mimé lustré besé amé acaricié demasiado todo fui tuyo y más quise ser todavía no me arrepiento amor Lisbella malmaridadilla mía que te inventé conmigo, que te tracé en la página que te vi nacer y te eduqué y te amé como a nada se ama como a nada se quiere y por ti vi surgir mi mano mi brazo y mi cadera mis ojos y mis piernas mi corazón que latía por ti por tu saber hacer el corazón con la uña sobre el blanco mantel no soy un criminal y sin embargo acabo de matarte y sé que tú me hiciste buen parricida soy y también víctima ansia vida perdida amor Lisbella es cielo las nubes no la hoja el filo la punta dolor amor muerte alteraciones[67].

———————

[66] No en vano Francisco Estévez e Isabel Román Gutiérrez titularon el volumen colectivo dedicado a la poesía de Jorge Urrutia *El mar de la palabra.*

[67] Jorge Urrutia, *Semio(p)tica,* Valencia, Fundación Shakespeare e Instituto de Cine y Radiotelevisión, 1985, pág. 169.

No solo encontramos aquí el concepto de la muerte del autor, que fijase Roland Barthes, sino que el poeta únicamente existe por la escritura y la escritura solo por el autor, una idea cuyo origen encuentra, sin duda, Jorge Urrutia en el poema de Juan Ramón Jiménez «La transparencia, dios, la transparencia», de *Animal de fondo*. Esta aventura textual que, lamentablemente el autor no continuó, hace de *Semi(ó)ptica* un libro único en la literatura española del siglo xx, como percibió el profesor Cándido Pérez Gallego en la presentación que en su día hiciera. Ya hemos dicho que la colección donde se incluyó, perteneciente a la Fundación Instituto Shakespeare y el Instituto de Cine y Radiotelevisión de la Universidad de Valencia, estaba dirigida por Manuel Ángel Conejero y Jenaro Talens; de nuevo una complicidad generacional.

Anotemos una preocupación extrema por la forma, consciente como es nuestro autor de que la literatura se hace desde el rigor y meticulosidad[68]. La experimentación formal de *Semió(p)tica* se remarca en el abandono de los signos de puntuación, salvo el punto final, para conseguir que sea un continuo en su contenido. El autor lleva al lector al límite de la comprensión para, en este caso, concluir que la obra es «*sustraída* del constante proceso de la realidad y asume un significado y una entidad propios». Esta misma formalización expresiva la encontraremos también en *La travesía* de la que Manuel Ariza[69] analiza el profundo sentido del ritmo interno para demostrar que la escritura en prosa podría ser semejante al verso. En cualquier caso, en todos sus textos en prosa Jorge Urrutia, frente al uso del

---

[68] Véanse las referencias a Valéry en la introducción de Jorge Urrutia a *Piedra y cielo*, de Juan Ramón Jiménez, en esta misma colección, o el ensayo «La creatividad poética. La práctica simbolista», en *Atenea*, núm. 515, Universidad de Concepción (Chile), primer semestre de 2018.

[69] Manuel Ariza, «Un poema en prosa: *La travesía* de Jorge Urrutia», *Revista Salina,* núm. 7, 1993, págs. 75-78.

sujeto de tercera persona en los poemas, busca narrarse a sí mismo, aunque utilice otras argucias retóricas para ocultarse.

Semió(p)tica, más aún que *De una edad tal vez nunca vivida,* plantea la ardua cuestión de la clasificación de los textos poéticos en prosa de Jorge Urrutia. Benigno León Felipe considera *Semió(p)tica* como «un largo poema en prosa, subdividido en ocho partes, adscrito a la modalidad que hemos denominado poema en prosa discursivo, caracterizado por su mayor extensión y por el tono reflexivo»[70]. Para Francisco Marcos Marín, *La travesía* (1987) «se inscribe en el círculo de la búsqueda de soluciones formales en un poeta en su evolución»[71], por lo que ha entendido perfectamente que Jorge Urrutia hubiera pasado decididamente a la escritura en prosa. Caterina Ruta, por su parte, no deja de observar claros indicios poéticos, incluso formales y métricos, en la prosa: «una prosa formata da versi di misura variabile, in modo da permettergli di ampliare senza limiti l'estensione dell'unità compositiva»[72]. Y, si es cierto que en *Semió(p)tica* y en otros textos dispersos hay un deseo de innovaciones formales o de elisiones, en *De una edad tal vez nunca vivida* se abandonan las innovaciones, prefiriendo el autor centrarse en la elección del término preciso para la recuperación del recuerdo evocador y, desde esas evocaciones, provocar nuevos acontecimientos, físicos o no.

En *La travesía,* la expresión lírica se hace patente en la búsqueda de la palabra exacta para la construcción del poema:

---

[70] Benigno León Felipe, «Jorge Urrutia y el poema en prosa en *La travesía»,* en Francisco Estévez e Isabel Román Gutiérrez (eds.), pág. 179.

[71] Francisco Marcos Marín, «Apóstrofe y anáfora recursos constructores de *La travesía»,* en Francisco Estévez e Isabel Román Gutiérrez (eds.), pág. 152.

[72] Maria Caterina Ruta, «Urrutia, Marzal e altri», en *Novecento ispanico,* Palermo, Sellerin, 2005, pág. 140.

[...] te esfuerzas por llevar hasta el papel su aliento, estas palabras reflejan su caminar tan breve y la dulzura firme de su voz, pero el poema es a ella igual y desigual a un tiempo, no es posible engañarte creyendo que la tienes contigo, que no es ella y tampoco es siquiera su imagen simplemente[73].

La edificación del libro (y el dibujo de Escher que ilustra la cubierta de la primera edición adquiere pleno sentido) es la de un camino que siempre conduce al mismo lugar, la misma construcción del lector, aunque se cubra con alusiones argumentales a un amor literaturizado y sensual:

déjame respirar, ahora, dulcemente, el beso surge como un ardor diario, como una fiel costumbre no mentida, la cintura, el pliegue de la falda, entornas la persiana, ¡qué suave la moqueta para los pies cansados!, tres botones procaces, un ruido en la calle, vos temblás, abrigate, voy a beber agua, ¡mas qué absurdo abrigarse!, ven, dejaremos la huella de un amor, la almohada, escucha, dormir un sueño contigo tan soñada, el pecho es como un ala que se hinchase, tu mano es una nube que penetra y olvida, no olvido amor[74].

Uno de los personajes implicados en la historia (porque avanza más o menos solapadamente una historia, lo que constituye la mayor diferencia con la escritura poemática) es argentino, de forma tal que funcionan en el libro varios pronombres personales, *yo, tú, vos, te* o *ella,* a través de los cuales se desdobla el yo poético:

vos no querés una novela larga, solo un cuento, un zas, un chiste apenas, vos llegás y recién te estás marchando, me dejás como un trapo, como el hueso y la grasa, como una hoja, vos no sos como sos o yo creía, y pensarás que lo avisaste, que no hiciste traición, querrás decirlo y se ahoga

[73] Jorge Urrutia, *La travesía,* Madrid, Hiperión, 1987, pág. 28.
[74] *Ibíd.,* pág. 34.

la voz en la garganta, porque no eres aún suficiente miseria para hacerlo palabra[75].

Marcos Marín se refiere a ello como a un curioso juego: «esa alternancia entre el *tú* que apostrofa a la primera persona y el *vos* que apostrofa a la segunda»[76]. No podemos olvidar que ese tú poético y subjetivo aparece ya en la primera línea del libro, «has nadado»[77], lo que lleva al lector a descubrir una lectura de desdoblamientos expresivos entre el tú y el yo, también entre la voz propia y la voz prestada.

El cambio de voces es un elemento clave en este libro. La expresión íntima del sentir poético y amoroso se va a mezclar con la narración autobiográfica, puesto que algunos temas y tópicos de *La travesía* aparecen de nuevo en *De una edad tal vez nunca vivida*. En su poema X se encuentra el germen del libro posterior. Es un relato de la infancia: los recuerdos del metro con el padre, las referencias familiares, como el agua de Mariquita en la estación[78], la acera de los castaños que daba paso al colegio...:

> fue hermosa sin embargo una infancia como hijo de vencido, conservas en tu frente las marcas de las puertas del metro, el sabor de las barras, el dolor de aquel pie que deslizaste entre el andén y el coche, le explicas que tu vida es un magma de vocablos y luces, de caricias y gestos de silencio, apenas si un eco de las frases distingues, éntrase España por un arroyo breve, republicano mar...[79].

Es evidente que lo autoficcional se inicia en *La travesía* en busca de su narración definitiva en *De una edad tal vez*

---

[75] *Ibíd.,* pág. 49.
[76] Francisco Marcos Marín, «Apóstrofe y anáfora como recursos constructores de *La travesía*», en Francisco Estévez e Isabel Román (eds.), pág. 155.
[77] Jorge Urrutia, *La travesía,* pág. 11.
[78] Mariquita es María Gómez, la madre de Jorge Urrutia Gómez.
[79] Jorge Urrutia, *La travesía,* pág. 25.

nunca vivida, aunque debemos citar un breve texto de importancia capital para entender el sentido de la escritura y la propuesta estética de Jorge Urrutia, es un texto narrativo que fija la posición del escritor frente a lo narrado.

De 1993 es una narración en siete capitulitos[80] recogida en la revista *Syntaxis,* de Tenerife, titulada «Y con muda sorpresa la observaba». En ese proyecto de novela, Jorge Urrutia exponía su teoría y práctica de la escritura, de su propia escritura. Comienza el texto con una frase que un buen lector contemporáneo identifica fácilmente: «Esto no va a ser una purga de mi corazón...», en homenaje a Camilo José Cela, quien inicia su novela *Oficio de tinieblas 5* así: «naturalmente, esto no es una novela, sino la purga de mi corazón». En diálogo con el género, Urrutia fija su postura característica frente al acto de narrar recurriendo al desdoblamiento del narrador, un narrador que teme desaparecer y busca el sentido de su propio oficio.

Asistimos, pues, a la construcción del narrador, del escritor, y de un *otro,* una tercera persona narrada, así como a la composición de un relato en tiempos distintos, el presente de la escritura y el pasado, lo que plantea también un problema con respecto a la verdad o a lo que se entiende por realidad, dado que la memoria altera la percepción del mundo vivido. Comprendemos que el paso del tiempo transforma la percepción de la realidad y del sujeto, y que adentrarse en la niebla del recuerdo requiere un esfuerzo y un riesgo. ¿Qué sentido posee entonces la escritura? Esta es la pregunta que constantemente, en verso y en prosa, se hace Jorge Urrutia. ¿De quién habla el escritor? ¿De sí mismo? ¿De un yo inventado? ¿De una invención que atraviese un yo perdido en busca de alguna razón para vivir? La escritura, nos dice, es detenerse: «Escribir es como mentir, mentir es construir un mundo, construir un mundo es vivir. Vivir es esa gran mentira que acabamos creyendo».

---

[80] Se conserva un manuscrito inédito más extenso, tanto en varios de los capítulos como en el número total de ellos.

Es que la escritura, aunque se refiera a otros, es también un modo de buscarse uno mismo en el desierto de la página en blanco donde se inicia toda travesía:

> Había encontrado en la escritura una forma de buscarse. Pero, a la vez, en ese buscarse tenía el peligro inminente de perderse. Quería permanecer en sí y, para ello, se perseguía en la palabra, se convertía en texto, desaparecía como él mismo para ser otra cosa: narración, historia, relato, ficción al fin y al cabo[81].

«DE UNA EDAD TAL VEZ NUNCA VIVIDA», LA OBRA

De una edad tal vez nunca vivida posee un título que invita a la reflexión. La palabra «edad» acota una vida, la fragmenta. De hecho, en la contracubierta de la primera edición, el título se cita erróneamente como «De una vida tal vez nunca vivida». Parece, efectivamente, que la expresión exigiría «vida», pero el autor se burla o evita esa inercia lectora y limita la temporalidad. Claro que se plantea la duda de qué desea que entendamos por «edad». La foto inicial de esa primera edición —aquí también recogida— dirige al lector hacia la infancia y por ella camina la mayor parte del libro. Pero, aparte de que el narrador siempre parece un adulto, en los capítulos finales el personaje ha alcanzado la madurez. Por lo tanto, el límite no centra unos años concretos, sino una situación, un estado de ánimo. Recuérdese que Jorge Urrutia había publicado años antes un libro de poesía en el que el concepto «estado de ánimo» está presente desde el título. Tendremos que intentar fijar qué debe entenderse por «edad».

En el diccionario, si prescindimos de los usos adjetivados, «edad» designa el tiempo vivido, la duración, cada uno de los

---

[81] Jorge Urrutia, «Y con muda sorpresa la observaba», *Syntaxis,* pág. 51.

periodos en que se considera dividida la vida, la época. Todo ello es cierto y el significado de duración está desde luego presente en el título del libro, pero no olvidemos la triada repetida durante la educación de los niños: «edad, dignidad, gobierno», donde el primer término enlaza con los otros dos, marcando que se trata de alcanzar la edad en la que se obtiene el gobierno de sí mismo gracias a la dignidad. Desde esa triada debe entenderse el título del libro y el libro mismo.

Pero, además, la «edad» es también un periodo histórico, una época en la vida humana o de la civilización. Cualquiera que sea el significado que ahora admitamos, la edad exige un ejercicio de memoria asumida cuya narración se amplía y explicita con alegorías, no tanto invenciones, capaces de explicar cómo se alcanzan dignidad y gobierno de sí, de las cosas, de los hechos y del pensamiento. Por eso el libro empieza con unas manifestaciones duramente autobiográficas (heridas, trabajo del padre y de la madre, vida diaria, escuela, referencias veladas al régimen político y expresión de dudas sobre la idoneidad de los lectores), para muy pronto mezclarse detenciones, campos de prisioneros y citas de poemas, deshacerse aparentemente en el discurso y descubrir una luna de sangre inamovible. La alegoría histórica va creciendo hacia el final del libro para subrayar la conciencia de la vida y poner en duda el relato como tal. De ahí que el autor huya del realismo para adentrarse en un relato poético con capacidad de ofrecer una visión mítica. La dignidad sostenida ha permitido, a lo largo de toda la «edad», la comprensión y el gobierno de uno mismo y así cerrar ese periodo de la historia del mundo y del individuo[82].

---

[82] Hay, pues, una suerte de contraposición a aquellas líneas iniciales de *Las sonatas,* de Valle-Inclán, donde el autor advierte que el marqués de Bradomín se ve obligado a escribir unas falsas memorias debido a que la edad le ha hecho olvidar. Jorge Urrutia ha estudiado con detalle la primera *Sonata* valleinclanesca y la nota inicial.

Ya hemos visto que la obra de Jorge Urrutia se desarrolla como una continuidad en permanencia con sus preocupaciones estéticas y el compromiso con la palabra. Desde el primer poemario, el autor parece perseguir, los símbolos, el sentido adquirido tras los significados, las conexiones, los límites de lo poético. En *De una edad tal vez nunca vivida* se fijan los lugares de la infancia, que ya adquirieron un carácter mítico en muchos de sus libros, y que permiten la reinterpretación del mundo. Del presente al pasado se viaja a los recuerdos heredados, las vivencias escuchadas de la guerra civil como una herida abierta, pero también los viajes la otra vertiente de las cosas, al encuentro consigo mismo, o la historia entendida como un fracaso, la caída de los héroes que levantaron imperios, la brutalidad del castigo padecido, su destierro y soledad, como Napoleón en Santa Elena, y la escritura en los estratos del abismo, entre la vida y la muerte.

Urrutia alimenta su mitología personal con elementos urbanos como la casa en el barrio obrero, los vecinos; la madre y el padre, cuya mano lo guía en su aprendizaje. También la memoria de los abuelos paternos, él socialista utópico de numerosísimas lecturas, ella absorta en una melodía perdida, siguiendo en la penumbra las notas del piano sobre la mesa. Al lado, o entremezclado en una misma amalgama, está el mundo rural andaluz, donde la familia pasaría las vacaciones, al lado de los abuelos maternos. Así, las historias de las gentes del pueblo de Jimena de la Frontera, transmitidas por la madre, emergen en *De una edad tal vez nunca vivida*. Ella guarda la memoria de la guerra, cuyas secuelas el autor transmuta en leyenda. Voces, objetos, versos, frases, gestos, texturas, sabores, constituirán la materia con la que se amasan las palabras. El narrador da voz a la madre que le permite trazar los rasgos de los personajes, a la vez, reales y ficticios, como el aguador, el misterioso Cartojal, el barbero, la Sabia de Ronda, o los asesinados. Pero lo que «ella dice» se compone también de silencios que comunican más que las breves palabras. Su testimonio parece limitado por un poder oculto. El narrador nos sumerge, por tanto, en un mundo consciente de lo que se debe callar y encuentra el camino para arrojar luz sobre el agua del pasado.

Dijimos que un jovencísimo Jorge Urrutia siguió, en el Instituto Francés de Madrid, durante los años 1962 o 1963, las clases de Jean-Pierre Richard, quien ya había publicado *Littérature et sensation* (1954) y *Poésie et profondeur* (1955), y explicaba en el curso el que sería su inmediato libro famoso *Onze études sur la poésie moderne* (1964). No es de extrañar en un buen conocedor del francés que comenzaba a escribir poemas, que acudiese a escuchar a un profesor como Richard, de cuya estancia madrileña pocos tenían noticia. De aquellas clases y de las conversaciones posteriores, cuando reencontró casualmente a Jean-Pierre Richard, que era ya profesor en la Sorbona, Urrutia guardó la idea de que la creación literaria es una práctica de sí mismo, un ejercicio de escritura por medio del cual un escritor busca tanto aprehender la realidad como construirse. Pese a que en los años setenta ya dominaba en él la teoría semiótica de raíz estructuralista, pensó, sin duda, que era compatible unirlas con la idea de coherencia interna que sostenía Richard y con el convencimiento idealista de que la experiencia da paso a un silencio germinal que origina la escritura. Es decir, la experiencia solo puede ser experiencia de uno mismo que, desde el silencio reflexivo, da pie al enunciado que se apropia del mundo desde el yo. Podemos, pues, suponer que el fundamento teórico de Jorge Urrutia se conforma inicialmente ya desde los años sesenta, cuando cumple apenas los veintidós años. Y ese pensamiento literario es el que, lejanamente, justifica la madurez de su concepto de lo que, más tarde, se denominó la autoficción.

Hemos dicho que *De una edad tal vez nunca vivida* se abre con una fotografía que muestra a un niño de unos tres años sentado en la acera de la calle de una ciudad mientras observa fascinado a las palomas. La mirada infantil es, se dice, la más pura. Desde el asombro, el niño se acerca al mundo libre de prejuicios. Quizás este libro persiga precisamente la limpidez de una mirada libre de justificaciones sobre el entorno. Suponemos que se trata de una foto del autor niño y protagonista, posiblemente en su ciudad natal, quizás en un día festivo. Como fondo se vislumbran el pie de una farola y la presencia de adultos.

Al integrarse en el relato, la foto evidencia alguna intención. En la primera edad los ojos se abren fascinados al mundo; las imágenes se graban en la memoria como elementos de una composición mágica. La foto traslada al lector hasta aquella edad vivida y contemplada por una mirada inocente, pero narrada ahora, muchos años más tarde, sin duda desde la madurez. Es una realidad que pudiera haber sido soñada, o haberse confundido en la niebla del recuerdo. Es una edad tal vez nunca vivida y, por ello, incluso inventada por el escritor[83].

Sigue una cita del Albert Camus cuyo sentido, sin duda, el autor quiere emparentar con el periodo infantil de conformación de la personalidad: «En este mundo de pobreza y de luz en el que viví tanto tiempo y cuyo recuerdo me ampara aún de los peligros contrarios que amenazan a todo artista, el resentimiento y el contento». En la obra de Jorge Urrutia son fundamentales las referencias literarias, pero no con la intención de mostrar erudición libresca, ni siquiera como elementos complementarios del texto, sino como expresión de una

---

[83] «En una biografía, incluso en una autobiografía, lo más importante y verdadero no es tanto la acumulación de datos como lo que se inventa. Sin invención no hay tampoco historia, historiografía. La mentira es lo que pesa y arrastra, lo que significa, lo que produce sentido. Los hechos que sucedieron suelen ser vulgares, obvios, elementales. Es lo que recoge el cronista, pero lo que importa al lector es aquello que sucede entre hecho y hecho, porque del uno al otro hay mucho trecho. Tampoco, al cabo del tiempo, quien habla o escribe se acuerda bien de las cosas o las ha olvidado», Jorge Urrutia, «La significación de Jimena de la Frontera o mi Macondo particular», en Juan Ignacio Trillo Huertas, *La herida de Leopoldo de Luis en el paraíso del Sur,* Cádiz, Servicio de Publicaciones de la Diputación de Cádiz, 2021, págs. 22-23.

postura ética y estética. En este caso, la referencia a Albert Camus se carga de sentido, en cuanto caracteriza el mundo que descubriremos en la travesía que el libro propone: «un mundo de pobreza y de luz», una infancia —según él mismo dijo— vivida como hijo de vencido en la guerra civil española, pero libre de los prejuicios que pueden amenazar a toda persona que busca expresarse: o bien el resentimiento, o bien el contento. Es decir, no se trata de una obra dictada por el odio ni por la autocomplacencia.

Ahora bien, a manera de preámbulo sigue un texto titulado «Respirar por la herida», expresión que se refiere habitualmente a la manifestación de un sentimiento oculto producido por una ofensa. Pudiéramos pensar, por lo tanto, arrastrados por el título, que este libro se ha escrito desde el dolor. Pero el título ya es un homenaje al padre. Jorge Urrutia agrupó más tarde un conjunto de poemas inéditos de Leopoldo de Luis que tituló *Respirar por la herida* (2013). En el prólogo a este volumen justificaba el título porque resume la poética del padre:

> Muchas veces se le ha relacionado con las poéticas de Antonio Machado o de Miguel Hernández, pero él era un juanramoniano que basaba el poema en la relación del concepto con la palabra y no en el tema. A la conexión (él nunca hubiera empleado este vocablo) vida, poesía, poema la denominaba «respirar por la herida»[84].

Por eso, las primeras líneas de este preámbulo aclaran que en *De una edad tal vez nunca vivida* no se respira por una herida sangrante, sino por las cicatrices. Estas son el efecto del paso del tiempo, que «lo transforma todo, [...] hace que parezcan mejores los hechos», los puede tornar simpáticos, en su sentido etimológico de compartir senti-

---

[84] Jorge Urrutia, «Palabras para un libro que no tenía título», en Leopoldo de Luis, *Respirar por la herida,* Valladolid, Fundación Jorge Guillén, 2013.

mientos, y, sobre todo, los mitifica. Y se manifiesta una de las claves del libro: la conciencia que el autor tiene de que su mirada «debe carecer de piedad», llegar hasta el fondo, «ser un escalpelo capaz de descubrir lo sucedido». Es decir, ver más allá de los prejuicios para rescatar por debajo de la mirada adulta, aquella del niño que no conoce el odio y que, desde el asombro, contempla el mundo.

Lo primero que se describe pertenece a la vida cotidiana. La madre hace astillas con un hacha en el borde de la acera. Nos situamos así en un barrio obrero donde se cocinaba aún, a primeros de los años cincuenta, con cocina de carbón y leña. Los vecinos salían a la calle a hacer las astillas que necesitan para encender el fuego, apoyándose en el borde de la acera. Apreciamos el ritual de encender el fuego del hogar y calentar la casa en el invierno. También habla de los habituales cortes de electricidad y del quinqué de petróleo a cuya luz el padre escribía poemas y la madre cosía mientras el hijo realizaba los deberes escolares[85]. La leña, la cocina, el brasero, el quinqué, los objetos de uso diario, pero también una carta que llega periódicamente desde el penal de Burgos, o el cocido que primero se come a diario, luego dos días a la semana, al final solo los jueves, según aumentaba el precio de la carne y las verduras. Llegan así, casi sin hacer ruido, los datos que informan sobre el medio familiar, sus dificultades, sus hábitos diarios y la situación económica en el Madrid de la posguerra.

Hábito de la familia es el paseo de los domingos después de que el padre fuera a conversar con los amigos al café; la

---

[85] Un poema de Jorge Urrutia, «Aplicación personal y otras glosas de un poema de don Antonio Machado», parece referirse, desde términos machadianos, a esa situación familiar: «Mi padre en su despacho, el comedor, la finca, el cortijo enlosado, la propiedad inmensa por su interior fecundo, plaza abierta a la casa, trenzaba los poemas. / Yo jugaba a sus pies. / Mi madre, en su costura, compartía la lámpara. / De luz un solo plato», Jorge Urrutia, *De la naturaleza de las cosas,* Valladolid, Fundación Jorge Guillén, 2023, pág. 107.

madre y el hijo lo recogen a la puerta mediada la tarde. Se hizo un paréntesis para compartir con compañeros de viaje y abrir una ventana al arte y a la poesía. Porque la literatura está presente en la familia, no solo a través de los libros, sino también por los amigos, poetas y escritores, cuyos nombres parecen lanzados al azar, pero que sostienen su universo: coetáneos como Blas de Otero, Aleixandre o Garciasol..., pero también históricos: Cervantes, Manrique o Góngora. Parece que el abuelo le enseñó a Jorge a que, cuando le decían, al acompañar a su madre a la compra en el mercado, que se llamaba como Jorge Negrete, contestase: «No, señora, como Jorge Manrique». Son nombres e intereses que, en la infancia o en la prosa de nuestro autor, comparten espacio y se amalgaman con los cuadernos de notas del colegio, los juguetes, los libros de cuentos o de estudio.

En Madrid transcurre la vida intelectual del país. En las tertulias se integran escritores que provenían de los dos bandos enfrentados en la guerra. Francisco Umbral, en su novela-crónica *La noche que llegué al Café Gijón* lo describe muy bien:

> Aquella tertulia era un poco como el rompecabezas de España, el único sitio donde se había conseguido el difícil equilibrio nacional, la reconciliación de las dos Españas en torno a una jarra de agua, y el que venía de las cárceles de Franco le llenaba el vaso al que venía de los cuarteles triunfales, y el que vestía la ropa bien planchada de los Ministerios le ofrecía lumbre al que fumaba el tabaco callejero de los perseguidos.
>
> Claro que la guerra civil, me parece a mí, iba por dentro[86].

La cotidianidad parecía romperse también, como celebración, cuando llegaban las noticias de los parientes del

---

[86] Francisco Umbral, *La noche que llegué al Café Gijón,* Barcelona, Destino, 1977, pág. 22.

pueblo andaluz de la madre, Jimena de la Frontera, junto con un paquete de comida forrado de tela que contenía, además, una libra de tabaco de Gibraltar. Un regalo apreciable para este hogar que se nos insinúa austero. El tabaco cubano de contrabando, empacado en la Roca, constituía un lujo.

El hogar del autor, se nos aclara, es una casa de vencidos, pero también de convencimientos y deseos, una casa de amor iluminada por el arte y la noción de la belleza, que representa la acuarela del pintor Ramón Gaya. Jorge Urrutia, además, concibe la literatura dentro de la literatura, por eso no es gratuito ese juego de paralelismos con el personaje de *Los demonios* de Dostoyevski, quien no se fía del confesor, al que entrega su testimonio. Puede ser este un guiño al lector del que tampoco se fía el autor al confesarse con el testimonio de esta «edad tal vez nunca vivida».

Ya hemos dicho que el libro se divide en tres partes. La primera se titula «El agua originaria (ocho fragmentos de la historia nunca escrita)». Una cita del argentino César Aira sirve de guía para los lectores: «Era de esa clase de hombres, frecuentes entre escritores». ¿A qué clase de hombres pertenece un escritor? Sin duda, el sujeto de verbo es el padre, que ha sufrido una dura experiencia que testimonian unas palabras suyas que abren la sección. Tras haber sido oficial del ejército derrotado de la República Española, le forman un consejo de guerra y se le condena a un batallón de trabajadores, es decir, a un campo de concentración. Es el motivo por el cual llega al pueblo de Jimena de la Frontera, «en un vagón de ganado», al pie de cuya estación de tren descansa junto con sus compañeros, lo que enlaza con lo que será el comienzo, el origen de todo, la justificación del libro, que se resume en la frase: «... y es cuando conocí a la que sería mi mujer, porque me trajo un poco de agua». Los datos que aporta este testimonio constituyen materia literaria para el autor y se incorporan a su mitología personal, porque ningún detalle es gratuito. El agua, que calma la sed del condenado es también fuente de vida, comienzo y promesa de felicidad.

El primero de los ocho fragmentos de esta parte del libro comienza con unos versos de Góngora, que evocan la nostalgia del terruño y del hogar, y que le vienen a la memoria al padre mientras descansa en el andén de la estación: «¿Quién con piedad al andaluz no mira / y quién al andaluz su favor niega?». No debemos olvidar que, tanto Góngora como Leopoldo, nacieron en Córdoba, y allí la familia derrotada es acogida por Vicente Orti, amigo del abuelo Alejandro. Cobran sentido especial los versos cuando recordamos el soneto gongorino al que pertenecen: «A las damas de la Corte, pidiéndoles favor para los galanes andaluces». Los versos que también se citan al final de este fragmento (como lo denomina el autor) pertenecen a otro soneto de Góngora, el dedicado a Córdoba: «[si olvido todo lo que sucedió], nunca merezcan mis ausentes ojos / ver tu muro, tus torres, y tu río / tu llanto y sierra, oh, patria, oh, flor de España».

Estos versos enlazan con el fragmento segundo que se inicia con una velada referencia al romance gongorino del prisionero: «Amarrado al duro banco / de una galera turquesca, / ambas manos en el remo / y ambos ojos en la tierra, / un forzado...». El padre es conducido por una pareja de la Guardia Civil y su pensamiento enlaza con el fragmento anterior, tanto en la búsqueda de una rima del poema citado entonces como en los pequeños actos cotidianos e ilusos: vestirse con cuidado, ponerse un pañuelito en el bolsillo de la chaqueta..., algo que simboliza la actitud de la familia que se aferra al decoro, ante la adversidad. La familia, piedra angular de este universo, es el espejo en el que se mira el padre, capaz luego de conversar amablemente con los civiles, ante los que evoca de nuevo a Góngora, con cuatro versos del *Romance Angélica y Medoro*.

El tercer fragmento trae a colación al premio nobel húngaro Imre Kertész quien, al final de su novela *Sin destino* (1975), se pregunta cómo contar la experiencia del campo de concentración nazi, pues quienes le escuchen ya tendrán una idea preconcebida y no acabarán de creerle que los prisioneros también encontraron momentos para la sonrisa[87]. En un artículo titulado «La juventud de 1936», publicado en el diario *El País,* Leopoldo de Luis escribió argumentos parecidos:

> Se engaña el que suponga que fuimos una generación triste. Que no nos tenga lástima. Guardo hermosos recuerdos de mi vida en la guerra. Sobre un paisaje desolado puede haber un día radiante. En un campo de minas tal vez se dé una flor preciosa. A una ciudad sitiada no le faltará un rincón para amar. En un pueblo bombardeado acaso se encuentre una sonrisa. No estoy haciendo mera literatura. La mera —y huera— literatura es la del drama «a posteriori», la consabida de la lágrima, pero la guerra no mata a la juventud, porque la juventud es inmortal. Somos nosotros los que vamos lentamente saliendo de su reino indestructible[88].

Es muy importante la mención a esa experiencia con la que se pretende explicar cómo el ser humano siempre encuentra momentos para la alegría, incluso en las condiciones más duras, tal vez haciendo de la risa una forma de resistencia. El fragmento del libro de Urrutia recoge, precisamente, el humor con el que los compañeros presencian cuando Leopoldo y otro preso les piden agua a dos chicas y la expectación que despierta ver acercarse a Mariquita con la jarra. Se traen a la memoria o a la escritura nuevamente ver-

---

[87] «Incluso allá, al lado de las chimeneas, había habido entre las torturas, en los intervalos de las torturas, algo que se parecía a la felicidad. Todos me preguntaban por las calamidades, por los *horrores* [...]. De la felicidad en los campos de concentración debería hablarles la próxima vez que me preguntasen. Si me preguntaban. Y si todavía me acuerdo», Imre Kertész, *Sin destino,* Barcelona, Acantilado, 2001, págs. 262-263 (corregimos algunos errores del español en la traducción).

[88] Leopoldo de Luis, «La juventud de 1936», *El País,* 17 de julio de 1986.

sos de Góngora que celebran el amor. En este caso se trata de un soneto que comienza: «En el cristal de tu divina mano / de Amor bebí el dulcísimo veneno, / néctar ardiente que me abraza el seno / y templar con la ausencia pensé en vano». Se trata de un soneto retórico sobre el prisionero de amor. De hecho, dos versos del primer terceto dicen: «Tus cadenas al pie, lloro al ruido / de un eslabón y otro mi destierro». Y el soneto termina preguntando cuándo se desatará al prisionero «con manos de cristal nudos de hierro». El tema amoroso aparece, pues, unido al sufrimiento de la prisión.

También un romance de Góngora permite fijar la postura ética del autor en el fragmento quinto. Dice el texto que «la paz no deja vida, sino muerte colgada sobre nuestras cabezas». En el romance un caballero, agradecido por el agua de una fuente pide al sol descanso, ya que la paz es imposible: «Lisonjeado de el agua, / pide al sol, ya que no paz, / templadas treguas al menos». Y un poco más adelante ve venir a una bellísima joven con un cántaro de agua. Queda entonces prendado el caballero con grilletes. Podemos entender que el prisionero de guerra se convierte en prisionero de amor. Así vida y literatura se funden para explicar la historia.

Previamente en el fragmento cuatro, nos acercamos a la fuente del Regüé transformada en leyenda por las gentes del pueblo. El padre no figura en esta ocasión y aparece por vez primera el niño que centrará la segunda parte del libro. Se presenta junto a un personaje popular, el aguador, que les lleva el agua a los abuelos. También le explica el sentido de algunas supersticiones, como la relacionada con las adelfas consideradas malignas por crecer en aguas malas[89]. De

---

[89] Recordemos que la adelfa, conocida como laurel del campo, es considerada letal y ha alimentado muchas leyendas. Según una anécdota popular, durante la guerra de Independencia, en Ronda, fue liquidado un batallón de franceses al que se le ofreció un banquete que consistía en conejo a la brasa adobado con, entre otras hierbas, estas flores malignas.

este modo, el niño aprende que hay un agua turbia que corre en las profundidades, siempre soterrada, «un agua negra que a veces surge como una cabellera donde menos se espera». Mito, leyendas y literatura confluyen en el texto que ofrece un mundo de hondos y secretos significados.

Esta primera parte cobra unidad precisamente por la presencia del agua. Así, si el mundo va más allá de Jimena de la Frontera, el pueblo conocido puede llegar a conectar hemisferios opuestos. El sexto fragmento conduce a una ciudad hispanoamericana que no se nombra, pero que entendemos es Bogotá, por lo que de ella se cita: el teatro Colón, la placa dedicada a Bolívar, la iglesia de los jesuitas, la calle del Divorcio. Una ciudad que fuera capital del Virreinato de la Nueva Granada, famosa entonces por sus iglesias. Una de ellas es la de la Compañía de Jesús adonde los feligreses van con distintos recipientes en busca del agua bendita y milagrosa. A cambio, las devotas almas entregan una limosna a san Ignacio. El agua calma a los menesterosos, fortifica a los débiles y alivia a los enfermos. Una vez más el mito salvador del agua que lava las culpas de la humanidad y permite la entrada en el reino de los cielos.

El mito viaja al origen del mundo en busca del agua, aquí, y al otro lado del mar: «La lengua es como el agua, nos salva del pasado», concluye el autor, quien en el fragmento séptimo continúa su travesía por Bogotá persiguiendo los libros en las librerías de viejo acompañado de unos versos de Miguel Hernández de su poemario *El hombre acecha:* «El animal que canta, / el animal que puede / llorar y echar raíces, / rememoró sus garras», y del *Polifemo* gongorino.

La historia y el mito están presentes en la travesía que va de Jimena de la Frontera cruzando la Península para embarcarse allende los mares, rumbo a esa España que continúa en América y sin la cual no podría entenderse el país, sus disputas internas, sus enfrentamientos y vuelve otra vez a Góngora, como hemos dicho, a la *Fábula de Polifemo y Galatea* de la que se citan versos de la VIII estrofa: «Negro el cabello, imitador undoso, / de las oscuras aguas del Leteo, / al viento que le peina proceloso / vuela sin orden, pende sin aseo». Esta vez se refiere al Leteo, uno de los ríos del infierno, cuyas negras aguas corren caóticas y sin control alguno. Queda el consuelo de los libros, diccionarios, tratados de geografía, tras las cuevas del río Barbate, hasta llegar al nacimiento del río Hozgarganta, de donde mana el agua original, la de la fuente del Regüé. Porque se viaja desde la historia hasta la prehistoria para concluir que «El viaje es una fuerza que muda el curso de la historia humana».

En el fragmento octavo el autor vuelve a los versos de Góngora para referirse a la tristeza del padre al evocar las turbulencias de la guerra en aquel lugar que fue también de encuentro amoroso. Una vez más Urrutia parece relacionar la paz con los momentos cotidianos compartidos al calor del hogar. El niño se ha integrado en la historia compartiendo con el aguador la tarea de llevar el agua de la fuente a la casa de los abuelos y, allí, botijo, pozo y cántara construyen diariamente la paz de la familia subsumiendo el agua en la sopa de picadillo. Si el agua es literariamente el símbolo de la transhistoria, desde Manrique a Antonio Machado, aquí esa transhistoria alcanza y se funde con la mesa que reúne a todos.

Se cierra esta primera parte con una nota, a manera de referencia histórica, aparentemente remitida por José Regueira Ramos, cronista oficial de la ciudad de Jimena de la Frontera, en la que se aclaran aspectos relacionados con la tradición jimenata sobre los efectos del agua del Regüé y del piñonate (dulce cuyos ingredientes son harina, huevo, aceite, aguardiente, miel, piñones, ajonjolí, almendras, canela, clavo, matalahúva y cáscara de naranja) sobre el joven que los consume: se casa en Jimena[90]. Siguen datos históricos sobre la fuente y

---

[90] Jimena de la Frontera es un pueblo de la provincia de Cádiz (España), situado en la comarca del Campo de Gibraltar, y cuyo término municipal linda en el noreste con la provincia de Málaga. Dista 75,5 kilómetros de Cádiz, 139,3 kilómetros de Málaga y 47,3 kilómetros de Gibral-

una antigua Real Fábrica de Artillería, parajes que, según parece, eran los preferidos por el padre, junto a la calzada romana que conducía a la ciudad de Oba, nombre asignado por los romanos al lugar en el que se encuentra el asentamiento de Jimena de la Frontera. Así, en este relato de vida, el mito, la leyenda y la historia se funden en un punto de la geografía, Jimena, donde se asienta una comunidad humana para indicarnos que somos viajeros del tiempo.

El agua es, por lo tanto, una corriente que atraviesa el tiempo y nos lleva con ella, como la intrahistoria unamuniana. Por eso, la segunda parte de este libro puede titularse con acierto «La corriente». Está compuesta por veinticinco capitulillos en los que se incluyen testimonios de la madre bajo el título «[Me lo contaba ella]», o incluso no contados por ella, como «[Nunca lo contó mi madre]». En algunos surgen personajes del pueblo: el Mesa, el barbero, la Sabia, el Cartojal. En otros ocupan un lugar relevante los parientes, padres, abuelos paternos y maternos.

Como en toda la obra narrativa de Jorge Urrutia, el tema tratado, la anécdota a la que se refiere, y los sentimientos se explican con referencias literarias o con elementos de la vida cotidiana que cobran valor simbólico: un balcón, una ventana, una acuarela, un libro, un cuaderno, la placa de una calle, la silueta de la montaña, la vista del castillo, una melodía, una película.

Elementos aparentemente menos importantes, por ejemplo, las chapas de los refrescos atesoradas por los niños, llevan una importante carga significativa, resumen momentos iniciáticos, como la primera herida del amor. Estas

---

tar, por lo que la colonia británica fue durante muchos años el centro comercial de referencia. María Gómez Sierra, «Mariquita» o «Maruja», nació en Jimena y allí la conoció Leopoldo Urrutia Luis. Es uno de los llamados pueblos blancos y cuenta con yacimientos prehistóricos, un castillo árabe, varias iglesias, la más antigua del siglo xv, y las ruinas de una fábrica de armamento del siglo xviii, junto al río Hozgarganta.

asociaciones implican viajes de ida y vuelta de la edad adulta a la infancia, de modo que la experiencia se enriquece con lo vivido y aprendido en la travesía. Los horizontes mentales se amplían con la visión de otros mundos, con lo imaginado y lo soñado. De modo que esta hipertextualidad se convierte también en un recurso eficaz para intensificar la carga significativa de lo que se cuenta. Literatura, cine, o música, no solo explican emociones, sino que acompañan al ser. Cada una de estas referencias son elementos de una composición, constituyen una parte esencial de la experiencia formativa. Y es que, a través de autores como Juan Ramón Jiménez, Elías Canetti, Paul Válery, Frank Kafka, Machado de Asis o Emil Cioran, Jorge Urrutia expresa una visión del mundo y, sobre todo, una actitud ética y estética.

En de *Una edad tal vez nunca vivida,* como ya hemos visto, el padre es la mano que guía, mientras la madre es el orden del mundo, el habla, la memoria del pueblo. En los capitulillos titulados «[Me lo contaba ella]» a través de imágenes, como destellos, nos llegan testimonios de la guerra civil; pero más que la anécdota, ya que apenas se sugieren los hechos, lo que se siente es el horror padecido dentro de los hogares. El primero de estos textos muestra cómo, mientras se preparaba la comida, los rebeldes entran violentamente en una casa interrumpiendo la cena. La mujer recuerda el momento en que ejecutan al marido y guarda el recuerdo amargo de su lacónica respuesta ante la escena: «Ya lo sabes». Después de asesinarlo, los hombres lo tiran a un pozo y retienen a los hijos: «El camión se llevó a los chicos y el cuerpo, al caer al agua, fue el eco prolongado de un disparo seco». No es menos cruel el siguiente episodio recordado por la madre, el de los cuatro hermanos condenados a cavar su propia fosa. El menor, con solo catorce años, ayuda en la tarea, que cumplen con la ilusión de que se les perdone la vida. Desde la fosa llega el dolor de la humillación por no haberse resistido a los verdugos. Comprendemos que, con la vida, tal vez perdieron también la dignidad.

El pueblo honra su memoria justificando sus sentimientos, compartiendo la angustia que debieron padecer: «Era necesario ganar tiempo. Que se arrepintieran. Que todo no fuese sino una broma cruel. Por eso ninguno dijo No, no quiero, matadnos ya, haced todo el trabajo vosotros».

Páginas después, en el siguiente fragmento, el horror se resume en una imagen cinematográfica en la que se describe un sol rojo y circular, que se pone sobre la sierra, cuando sale el camión de la placita del cementerio. Las evidencias de estas ejecuciones, recogidas en las investigaciones sobre la guerra civil, pueden verse aún en un muro del cementerio de Jimena donde se reconocen las huellas de los balazos.

El cuarto testimonio de la madre hace referencia a un personaje oscuro, casi grotesco conocido como el Cartojal, al que «le faltaba un ojo, cortado por una nube». Una vez más se recurre al cine para arrojar luz sobre hechos y personas. En la descripción del hombre se reconoce una clara referencia a la película *Un perro andaluz,* de Buñuel. Considerada la más surrealista de su filmografía, y cuyo guion fue escrito en colaboración con Salvador Dalí, esta pieza rompe los esquemas narrativos. Recordemos que, en la primera secuencia, una nube corta la luna, como si se tratara de una hoja de afeitar. Acto seguido un hombre (el mismo Luis Buñuel) corta el ojo a una actriz con una navaja de afeitar. Es una secuencia prólogo que muestra el sistema constructivo de la cinta: la comparación surrealista cuya finalidad es producir un duro efecto de sentido en el espectador. Con la referencia a aquel ojo cortado comprendemos que el Cartojal, producto de la guerra civil, es también un ser surrealista. De aspecto repulsivo, propietario de un edificio en ruinas, ha cumplido con la deshonrosa distracción de cortar las orejas de los asesinados y llevarlas consigo, sanguinolentas, en una enorme bolsa de cuero. De ahí el olor a podrido que emana de él y lo precede, un olor nauseabundo que agosta las plantas y que no mataban los perfumes comprados en Gibraltar.

Finalmente se refiere la anécdota relacionada con la madre, aunque no contada por ella. Una fotografía es en este caso un objeto de culto, un bien preciado que se lleva cerca del pecho, como un talismán. La foto concentra los sentimientos de un antiguo miliciano huido, que cruzó los Pirineos para, como tantos otros, refugiarse en Francia al final de la contienda. Al enterarse de la futura boda de la mujer a quien ama, el miliciano da marcha atrás, atraviesa de nuevo toda España para llegar a Jimena de la Frontera y suplicar a la antigua novia que siga con él. La joven, se sugiere, es Mariquita, la madre del narrador. Tras la negativa, el hombre vuelve a arriesgar su vida para regresar a Francia, donde ya permanecería. A su muerte, dicen los suyos, que descubrieron en su billetera la foto de aquella muchacha jimenata a la que no dejó de amar.

Además de guardar la memoria, y quizás secretos que se atesoran, la madre entrega sus palabras como un legado. La conciencia de la lengua, que supone el acto creador, en Jorge Urrutia es constante motivo de reflexión, como en el capítulo «La lengua materna» donde explica:

> No estoy seguro de que la lengua materna tenga mucho que ver con la de la madre. Sé bien, en cambio, que en numerosas ocasiones es la del padre la lengua materna. Para mí, lo que realmente importa es en qué momento la lengua de uno es realmente propia, cuando las palabras resultan libremente emitidas y no inducidas por los familiares del entorno. ¿Y si la lengua materna fuese la propia, cuál más personal que la que nos expresa más sincera y plena?

Al intentar definir la lengua materna, el autor opta por quienes explican que se trata de la primera lengua que se aprende y que a menudo es la del país donde se nace. Pero se trata en este caso de la lengua de un escritor, de la que él mismo elige para su obra, y que incluso puede escribir en un idioma distinto al propio. El texto hace referencia a los escritores marroquíes que decidieron escribir en español para poner en evidencia que la lengua del escritor es la que él mismo elige. Esta afirmación remite a la historia, a un pasado del que queda constancia literaria en *Los tratos de Argel,* obra cervantina que recuerda el dolor y la injusticia padecidos por los cautivos. También se alude a la prisión social en la *Epístola moral a Fabio*[91] que se cita. Recordemos que Jorge Urrutia aprende las primeras letras en francés, que incluso de niño desconocía nombres de algunas cosas en español. Sin embargo, plantea en este capítulo su relación con la lengua de la madre, la aprendida a su lado en la tierra andaluza de donde ella procede. El habla andaluza le permite adquirir conciencia de la diversidad lingüística. Implica mayor riqueza saberse portador de otras formas de expresión. Como ejemplo pone la frase «Buenas noches tengáis ustedes», con la que se saludaban las gentes con las que se tropezaban en los caminos, en sus paseos, por la zona del Campo de Gibraltar en Andalucía. Esta lengua andaluza es la de la madre cargada de emotivos recuerdos, de los paseos por caminos pedregosos. Trae el canto de las chicharras y los grillos, que venían a ser no los guardianes del centeno, sino del silencio: «Nosotros nos hicimos a él al tiempo que la escuela nos enseñó a sumar, y a dividir y a leernos, a escribir y a esconder los papeles de la vida. «Buenas noches tengáis ustedes».

La frase trae a la memoria el mundo de *Platero y yo,* obra con la que el autor mantiene una estrecha relación, no solo por el interés en torno a Juan Ramón Jiménez, al que ha dedicado numerosos trabajos críticos. Aquella manera andaluza de saludarse por los caminos le permite desarrollar

---

[91] Se incluyen los dos primeros versos de la *Epístola moral a Fabio* (1612), de Andrés Fernández de Andrada, cuyo primer terceto dice: «Fabio, las esperanzas cortesanas / prisiones son do el ambicioso muere / y donde al más activo nacen canas». La *Epístola* termina con un endecasílabo extraordinario cuyo sentido podríamos pensar que sobrevuela todo este libro de Jorge Urrutia: «antes que el tiempo muera en nuestros brazos».

Jorge Urrutia en el madrileño Paseo del Pintor Rosales.

tempranamente la conciencia de una lengua ajena a un niño madrileño educado en un colegio francés, pero a la vez propia, en cuanto pertenece al mundo de la madre, que también es el propio. La riqueza que aporta ese conocimiento es también dolorosa, en cuanto despierta las risas crueles de los otros, incapaces de asimilar que existen distintas formas de expresión: «cuando empecé a escribir tuve que buscar palabras por todos los rincones de mi casa, las recogí antes de que cayeran». Las palabras de la madre se conservan junto a los guijarros del camino, y se guardan en un cofre. Se trata de una lengua vasija moldeada con las propias manos, que lleva sensaciones y recuerdos, retornados en el presente y que saltan sobre la blanca superficie de la página.

Conviene señalar cómo, en este capítulo, una reflexión sobre la lengua da lugar al reconocimiento del otro, de lo otro, como algo distinto y, a la vez, propio. Sabiamente, el autor encuentra conexiones y proyecta la mirada hacia el pasado, atravesando siglos de historia para tender puentes y, desde el respeto al diferente, explicar su postura. La madre, que porta la lengua propia, también lleva en ella la diferencia que el hijo guarda como un tesoro. La teoría se condensa en la experiencia.

El título del capítulo «El preludio», homenajea al poeta inglés William Wordsworth, autor de un poema autobiográfico de igual nombre, escrito entre 1799 y 1805, y que es uno de los textos clave de la modernidad. Publicado en 1850, constituye uno de los más elevados logros del Romanticismo. En él viajamos hacia la infancia, cuando se explora el mundo y se fijan las sensaciones que componen el sistema emocional del individuo. Entonces, se toma conciencia del estar en el mundo frente a las poderosas manifestaciones de la naturaleza. El niño que fue en este poema asciende a la montaña, avanza entre picos solitarios, sintiendo el rugido del viento; explora los montes, agarrado a las hierbas y a las grietas de las rocas, colgado al borde del peligro. Todo alrededor se agita, un viento seco grita en los oídos. El adulto concluye:

La mente humana está formada y construida
como un acorde musical. Hay, creo,
espíritus que, cuando configuran a un ser
por ellos protegido, desde el principio mismo
de su infancia le despejan las nubes
como con un relámpago, y lo buscan
con reconocimiento amable —fuerzas quedas,
distantes, raras veces aceptadas, pero benevolentes
y al más humilde no desconocidas—,
aunque conmigo comulgaron poco
en mis días primeros[92].

Así, en *De una edad tal vez nunca vivida,* el adulto imagina
o recuerda, o falsamente recuerda e imagina, al niño en medio
de la noche, caminando despacio con el temor de romper el
ensueño; lo vemos solitario coger la carretera y buscar los sen-
deros de polvo entre los zarzales, como repitiendo los paseos
con la madre. A los pies de la colina siente su pequeñez ante la
imponente vista del castillo y la muralla, que se levantan como
obstáculos en el camino[93]. Ante el desamparo y el aislamiento
frente a una naturaleza que se le presenta como un ser vivo que
lo observa, el niño recurre al padre para disipar la inquietud:

Muy bajito le dije, Papá, las cosas me miran y me si-
guen. ¿Qué cosas? Las rocas, los muros, siempre los árbo-

---

[92] William Wordsworth, *El preludio* (1799), ed. de Fernando Galbán
y Andrés Sánchez Robayna, Santa Cruz de Tenerife, Ediciones Canarias,
Taller de Traducción Literaria, 1999, pág. 15.

[93] Es preciso recordar lo que representaba para los habitantes de Jime-
na de la Frontera, el castillo, símbolo de la configuración inicial de lo que
se acabó llamando Campo de Gibraltar. De ello da cuenta Martín Bueno
Lozano en su introducción al libro de José Regueira Ramos, Esther Re-
gueira Mauriz y María Ángeles Mena Torres, *Jimena y su castillo* (Cádiz,
Alba Editorial, 1988), en el que confiesa: «Enhiesto en aquella altura,
siempre irremediablemente visible, formaba parte del entorno mágico de
aquella edad mía». Como es sabido, castillos y murallas marcaban una
frontera, igual que el de Jimena, que construido en 1293 dejó de ser útil
en 1485, al desaparecer por entonces la frontera.

les; y me miran también de noche. Mi padre sonrió y me dijo que las cosas conocen una música perdida. Tú tendrás que aprenderla.

Sabemos que en este libro el padre es siempre la mano que guía, idea que se amplía en el capítulo «Leyenda del pabellón dorado», título que en esta ocasión pudiera recordar el libro del escritor japonés Yukio Mishima, publicado en 1955, donde se explica cómo aquel templo de Kioto, construido en 1397, que se quemó varias veces en el pasado, en 1950 fue incendiado de nuevo por un monje loco. Lo que en la actualidad puede contemplar el viajero es una reconstrucción de aquel sorprendente pabellón. El templo, que hoy conserva reliquias de Buda, guarda un valor simbólico, con su jardín, en cuyo estanque pequeñas islas y piedras representan la historia de la creación. Si el transcurso de la vida se suele representar como un camino, y todos los caminos conducen a la muerte, como expresara el poeta Jorge Manrique en sus célebres *Coplas a la muerte de su padre,* el Pabellón de Oro, encarnación de la belleza, se eleva a la categoría de símbolo del destino, que el ser humano es capaz de concebir, recordándonos que se llega hasta este pabellón iniciando el camino con el padre:

> Solo sendas había y guiaba por ellas esa mano de padre que venía a la altura de los ojos. Era una mano tierna, era una mano fuerte, capaz de levantar un tejado, de sostener un suelo y de plegar en su orden las tablas del tabique. Una mano tan hábil que erigía el pináculo de una casa de música y de oro.

El Pabellón de Oro no es solo el reflejo de la casa del padre, el abrigo que este le garantiza a los suyos, sino el proyecto personal, el sueño, el ideal, en el que se asienta el ser cuando ya no cuenta con el apoyo y la seguridad que garantizaba la mano del padre.

En «Motivos de escritura» se vuelve al episodio del ahogamiento ya presente en el primer capítulo de otro libro del autor, *La travesía,* en el que se recuerda una experiencia de la infancia en la que el ser se encuentra ante el abismo:

> Es una curiosa sensación la del flotante que teme dejar de flotar, de quien contempla la playa que se aleja, cada vez a más distancia de aquello que la mano pudiera alcanzar, los pies sin tocar el fondo, el agua invadiendo toda su mirada ya, todos sus orificios, sal de lágrimas, temor de impotencia, miedo húmedo. Mar devorador en torno. Mar deglutidor.

El autor conecta el momento evocado con una cita del poeta uruguayo Armando Vasseur: «Estamos en uno de los estratos medios del abismo» para definir lo que podría ser el descenso acelerado, sin posibilidad alguna de enganche, sin una cuerda que te devuelva a la orilla, sin una tabla de salvación que te permita flotar. Según el poeta, en ese descenso los ojos contemplan «Una penumbra ceniciienta que sin embargo clarea, ilumina»[94]. Todo ello para explicar que la escritura es ponerse ante el abismo, ante la página en blanco que salpican las palabras con las que se emprende un camino.

El «Ensueño» evoca la imagen de la abuela paterna que emerge entre las sombras. Se vislumbra una habitación oscura al anochecer, la silueta de una anciana delgadísima sentada a la mesa, lugar de reunión de la familia, donde se come, se plancha, se hacen labores de costura, se lee el periódico, se escribe y se hacen los deberes escolares. A solas, la abuela Vicenta recuerda las partituras del piano que tocaba habitualmente, tal vez en su vida vallisoletana. Una honda y silenciosa melancolía invade la atmósfera que evoca tiempos mejores de una familia sobre la que cayera la

[94] Armando Vasseur, «La Tebaida de los soñadores», en *Cantos augurales,* Montevideo, Biblioteca Artigas, 1955 [1.ª ed. de 1904], pág. 8.

ruina. De aquel pasado queda la música que se lleva dentro, las notas mudas de una melodía de Schumann, una experiencia estética intangible y profunda que atesora un ser humano, y que le acompaña en la soledad.

Del abuelo Antonio, aprende el niño a ver más allá de las apariencias, por medio del personaje llamado Jeromo, que se presenta en «La verdad es belleza». No puede dejar de recordarse el poema «Oda a una urna griega» de John Keats, uno de los poetas más destacados del Romanticismo inglés. El título se inspira en los dos últimos versos de esta oda: «La belleza es verdad, y la verdad belleza. En la tierra, / Eso solo sabéis, y es cuanto os hace falta»[95]. El autor trae a la memoria al niño que juega con un personaje del pueblo, Jeromo, quien al reír, enseña un único diente y una enorme mano arrugada. La belleza asociada a lo bueno plantea un problema ético y el niño se encuentra ante el dilema de vincular la fealdad a la bondad. El abuelo Antonio no tiene ninguna duda, Jeromo es la persona más buena del mundo, y así se graba en la memoria.

Asimismo, se le rinde culto a los dos abuelos, Antonio y Alejandro, fabulando un encuentro en la fonda de Jimena, regentada por Antonio, en el capítulo titulado «Valéry en la fonda». Se unen así los dos mundos que podrían suponerse separados. El texto cobra un aspecto de informe policial al denominar al abuelo Antonio como el primero, y a Alejandro el segundo. El primero se ganaba el sustento regentando una pensión, bar, restaurante o fonda, en la estación del pueblo. Hasta ese lugar llega el segundo a visitar al hijo prisionero en el campo de trabajo. Alejandro malvive sin un oficio claro, rechazado por la oficialidad vencedora, acogido solo por los amigos que le tienden una mano. La

---

[95] «Beauty is truth, truth beauty, —that is all / Ye know on earth, and all ye need to know». La traducción se toma de John Keats, *Oda a una urna griega,* traducción colectiva del Taller de Traducción Literaria de la Universidad de la Laguna, Tenerife, Ediciones Canarias, 1997, pág. 16.

conversación que sostienen ambos se desarrolla en breves frases que sugieren sus preocupaciones, o el conocimiento que tienen de la vida y de la guerra. Conmueve la bondad, la generosidad del abuelo Antonio, quien reconoce en el vencido a un caballero. El abuelo Alejandro evoca un aforismo del poeta Paul Valéry: «El hombre solo debe temerse a sí mismo, a su potencial de dolor»[96]. Una postura ética que alerta contra la sentimentalidad, el dramatismo o el resentimiento, una constante en el libro. El abuelo Antonio confiesa no haber tenido estudios, detalle sin importancia frente a la grandeza de su ser, a la capacidad de percibir el dolor del otro y de acogerlo. Sin duda, se comparte en este caso la postura del poeta-filósofo Paul Valéry, que quisiera despojarse de conceptos e ideas preconcebidas y para quien solo el arte permite ver más allá de las rejillas conceptuales o ideológicas.

Completa esta visión la idea del arte como una luz que se filtra a través de una ventana abierta a un horizonte infinito, como bellamente se expresa en el capítulo titulado «Recuerdos de la barca del bosque». El autor se refiere a la acuarela de Ramón Gaya que iluminó su infancia en el pequeño piso de aquel barrio obrero de Madrid donde se crio, con un solo balcón adonde se asomaba para ver lo que sucedía en la calle. La acuarela de Ramón Gaya es un elemento que se carga así de poderosos significados. Resume la infancia en aquella humilde casa de vencidos en la sombría posguerra, marcada por la austeridad y los silencios. Para el niño, sin embargo, la vida pasaba entre los deberes, las horas de juego, los trayectos al colegio con el padre o con el abuelo, el paseo de los domingos y, en la casa, tan oscura, la acuarela de Ramón Gaya mostraba un bosque y una playa donde descansa una barca.

---

[96] «L'homme n'a que soi-même à craindre – son potentiel de douleur», tomado de Paul Valéry, *Mélange,* París, Gallimard, 1941, pág. 14.

Era como una luz. Una ventana por la que entrase otra vida posible, un sol seguro, una brisa olorosa, una libertad mecida por el cansancio último de las olas marinas. La barca en la arena, reposada, todo el mundo con ella en azules y suaves amarillos, era la languidez que sigue al último esfuerzo realizado. Ahí veía yo a mi padre, con su sonrisa triste acompañándole, amable y silencioso, hecho tranquilo al cabo de intranquilidades.

Junto a la barca o en medio del bosque, en medio de la noche, el padre, después de su jornada de trabajo y luchando contra el sueño, trabaja con sus manos, dispuesto a proteger a los suyos. Contrasta la luz que emana del cuadro con el paisaje del barrio obrero oscuro en la posguerra, por donde transitaban personajes barojianos con sus carros de basura, y con quienes el niño tropezaba al cruzar por los desmontes, camino del colegio. El arte, que se presenta como el camino hacia una vida soñada, el ideal que como hilo conductor vincula al presente con el pasado. Una ruta por los caminos de Juan Ramón Jiménez y Antonio Machado.

La poesía, el único tipo de discurso capaz de expresar lo que no puede decirse, da cuerpo y vida con la palabra a los recuerdos propios o ajenos, se convierte en el modo idóneo de escritura descriptiva cuando puede asumir también las características de lo narrativo. Así, un detalle, un gesto, un trazo para infundir vida al sobreviviente de las matanzas, la bolsa de cuero en bandolera y el olor a podrido cobran inusitada fuerza, pero también, esos rasgos más cotidianos incompartibles, como el dolor del niño enfermo, su angustia ante la ausencia del padre, la tranquilidad conquistada al despertar y verlo leer serenamente un libro ante la ventana, la luz que se filtra iluminando el exterior, lo infinito, o el interior, el pequeño tesoro familiar, como la acuarela del pintor Ramón Gaya. Todo deviene cotidiano y asumible sin perder la rebeldía, porque lo que importa es la conciencia de la vida y la vida misma. Como terminará el libro: «porque la vida hizo en mí su nido».

La tercera parte del libro, «Agestión» (agregación de materia según el diccionario), no puede entenderse como una coda final ajena al resto del volumen. De hecho, podemos encontrar en estos cuatro textos finales las mismas referencias al pasado y al presente de la escritura. «El mono» recuerda una clase universitaria donde la ignorancia y la intolerancia se hacen presentes a partir de las teorías de Darwin: «Lo declaraba así, él que era un simio, aunque vistiera su ignorancia con trajes de bufones y argumentos». La crítica a la intolerancia e ignorancia busca, metafóricamente, retratar un país de ignorancia, soberbia y presunción.

El siguiente texto, «Memorial de Santa Elena», es posiblemente el más enigmático, pues aparentemente no tiene nada que ver con el resto del libro ni desde el punto de vista temático ni estilístico. Por un lado, aparece reiterativamente un pájaro cuyo origen se desconoce y que podría significar la libertad. Por otro, se cuenta el descubrimiento de la isla de Santa Elena y el abandono allí de una pareja de cabras que irán multiplicándose. También se comenta el destierro y castigo del marinero portugués Fernando Lopes, que ha sido salvajemente torturado por sus compañeros. Por último, se recuerda la estancia definitiva del destronado emperador Napoleón I, que intenta mantener su dignidad.

El narrador, el pájaro, Fernão Lopes y Napoleón contemplan desde una roca, que resulta ser el cabo situado más al sur de España, el mar, el peñón de Gibraltar y los barcos que llegan de África. Pese a la ironía casi sarcástica con que se describe este extraño mundo hay una sensación de violencia y de crueldad escondidas.

La violencia, que siempre produce sufrimiento, ha aparecido en varias ocasiones a lo largo del libro. En «Canción de gesta», una suerte de paráfrasis de un famoso poema de

Manuel Machado, la brutalidad se ceba en una niña de nueve años y se advierte al lector:

> Detén, lector, el paso, si nada tienes que hacer. Fue una nefanda tarde de septiembre del año de la sangre. ¿Puede el arte ser superior a la realidad? ¿Y si es así, dónde queda el dolor, en qué vertiente, del lado de la forma o del lado de la idea? No puede describirse lo que es indescriptible. Detén el paso, lector, y mira si en tus manos queda también aceite.

Pero aquí, en un giro de tuerca más sorprendente, la violencia no se limita a la tortura del marinero portugués, sino que los insólitos nuevos amigos, a los que ahora acompaña Francisco de Goya, siguen contemplando el mar y descubren flotando el cadáver de un emigrante magrebí:

> Tampoco era un mameluco, dice el Emperador. Vino del Rif, asegura una cabra. Las olas acercan el cuerpo hasta la orilla. No tiene nariz, ni orejas, ha perdido el pelo, le arrancaron el brazo derecho y los peces le comieron el pulgar izquierdo. En sus heridas cimentó la armonía con el cosmos, dice la voz profunda del marinero Lopes. Goya dibuja unos soldados franceses atormentando a un paisano español; pone debajo «¿Por qué?». En otra hoja escribe «Populacho» y sigue dibujando.

De una edad tal vez nunca vivida, no sería creíble si el escritor no compartiese el deseo de comprensión de los perdedores. De ahí que los desfavorecidos del mundo estén presentes en otros poemas de Jorge Urrutia, como «Visión de San García»[97]: «Un cadáver flotante traen las olas / que

---

[97] Es la punta de San García, cabo al sur de España en el término municipal de Algeciras y desde donde la visión de África es permanente y clara.

si pudiese hablarles de su hambre / en la lengua del Rif conversaría»[98].

Pero el capítulo tiene un momento fundamental:

> Y dijo el Emperador: la diferencia entre ellos y nosotros está en que nosotros no mataríamos. Te equivocas, contestó el pájaro, la diferencia radica en que no podríamos matar, seríamos incapaces de hacerlo. Viene a ser lo mismo, contestó el prisionero de la isla. No es así, repuso el pájaro, la diferencia viene dada no porque elijamos no matar, sino porque no somos capaces de plantearnos la posibilidad de hacerlo; mas no hay en ello mérito alguno. El mérito, dije yo, es buscar comprender siempre. ¿Y dónde está el límite de la comprensión?, preguntó el pájaro, ¿hasta dónde y hasta cuándo puede comprenderse? Buscar comprender, dijo el Emperador, puede ser ya una muestra de cobardía.

El capítulo prácticamente termina con esta frase que podría cuestionar casi todo el libro: «Yo pregunto si comprender pudiera ser ya una cobardía». La obra, en este final, va aportando sorpresa tras sorpresa. Tras el fracaso de la ciencia oficial, ha venido la irremisible violencia imposible de detener e, incluso, de comprender y, a continuación, el padre destruye su propia obra

El último texto del libro se titula «Primavera». Es breve, opone, en la tradición platónica verdad y poesía, pero termina fundamentalmente con la idea de que la vida siempre triunfa.

Por lo tanto, en esta tercera parte del libro Jorge Urrutia contextualiza su escritura en tres momentos, la juventud universitaria en el periodo de la historia de España en el que se formó, la reflexión sobre el juicio que la crueldad y la convivencia pueden merecer y el convencimiento de que es necesario más respirar que lamer la herida. Es el libro una reconciliación consigo mismo y con la historia.

---

[98] Jorge Urrutia, *Una pronunciación desconocida*, pág. 76.

No olvidemos que queda aún una cita final del Martín Fierro de José Hernández. Las citas en los libros de Jorge Urrutia, como ya hemos dicho, están siempre pensadas y ligadas íntimamente al texto para incrementar su sentido, y aquí se destaca la importancia del olvido junto a la memoria, porque, como decía el poeta argentino «Sepan que olvidar lo malo / también es tener memoria».

BIOGRAFÍA, FICCIÓN Y AUTOFICCIÓN

Jorge Urrutia no trata de esconder lo autobiográfico de su libro, sino que la ficción o lo maravilloso, le sirven para explicar o situar la biografía en un ambiente mítico. *De una edad tal vez nunca vivida* transcurre en su mayor parte por los parajes de la infancia, siguiendo el ritmo de lo que se nombra e introduciendo al lector en el espacio misterioso donde quedan atrapados los recuerdos. El narrador se vale de distintas estrategias para manifestar su subjetividad en la creación y alejarse de la autobiografía más tradicional. Visto ahora el libro, después del reconocimiento a la obra de Annie Ernaux, se descubren ciertas similitudes. Pero más allá de que la de Ernaux sea una mirada femenina, Urrutia labra una prosa más lírica y cuidada. Además, si la autora francesa elige titular su proyecto *Écrire la vie*[99] (Escribir la vida), en nuestro caso podría pensarse en la postura inversa: «vivir la escritura». En *De una edad tal vez nunca vivida* iniciamos una trayectoria que va del presente del adulto al pasado de la infancia, un universo que reconocemos como

---

[99] «No busqué escribirme, no busqué hacer obra de mi vida; me serví de ella, de los sucesos, generalmente corrientes, que la atravesaron, de las situaciones y de los sentimientos que se me dieron a conocer» (la traducción es nuestra), Annie Ernaux, *Écrire la vie,* París, Gallimard, 2011, pág. 7. En la biblioteca de Jorge Urrutia figura el volumen *Écrire la vie,* de Ernaux, desde 2011, fecha de su publicación con posterioridad a la primera edición de *De una edad...* Contiene una veintena de novelas de la autora.

propio en sus alegrías, en sus sueños y en sus temores. Viajamos al comienzo, a la prehistoria del personaje, cuando el padre bebe el agua original a su paso hacia el campo de concentración, tras haber saboreado las amargas naranjas de la derrota. Entendemos que el recuerdo es ajeno al resentimiento en cuanto el agrio fracaso se amortigua con el agua de vida y la felicidad prometida.

Pero conviene no confundirse. Este no es un libro sobre la guerra civil, ni un libro sobre la posguerra, ni siquiera un libro sobre la infancia. Es un libro sobre la conformación de la conciencia a través de aquellos recuerdos que sobrevolaron las conversaciones y las referencias familiares. Referencias cogidas por el niño, casi al azar, y que el narrador adulto ha organizado e interpretado, porque es consciente de que conformaron su sentimentalidad y su personalidad. Por eso hay recuerdos, sí, pero también suposiciones, invenciones, mitificaciones, tal vez mentiras, literatura. Dolor, placer y cariño se entrelazan, como pespunteados por una prosa exquisita que puede recordar la de Juan Ramón Jiménez y, de modo especial, la de *Platero y yo*. En gran parte, podría decirse que este libro es también una elegía andaluza.

Aquí se produce una duda genérica en la que conviene detenerse. ¿Hasta qué punto, por ejemplo, podríamos decir que *Platero y yo* es un caso de autoficción? ¿Lo mismo sucede con *De una edad tal vez nunca vivida?* La memoria es un infinito cofre de ficciones, aunque la profesora Gómez Trueba, por ejemplo, rechace incluir en la autoficción las memorias o las autobiografías. Es natural, pues estas se presentan claramente con pretensión de verdad, de autenticidad. Jorge Urrutia juega con el término cuando explica su texto como memorias: «Dudé algún tiempo sobre si debía empezar estas memorias por el principio o por el final»; está, como tantas veces, jugando con una cita literaria; en este caso, de *Memórias póstumas de Brás Cubas* (1881), del brasileño Machado de Asís.

La duda surge en el momento en que encontramos en el texto trazos de hechos irreales que no se corresponden con ninguna memoria posible. Así, en «La primera herida del amor», introduce dos afirmaciones que no responden a la vida real del autor. La primera de estas aserciones llama la atención de manera sorprendente, porque efectivamente se aparta de la aparente veracidad memorística del texto hasta el momento: «Cuando terminaba el curso, mi madre, mis hermanos y yo marchábamos al pueblo, a casa de los abuelos». Jorge Urrutia no tiene, ni tuvo hermanos. El otro aserto chocante en este fragmento es: «Solo una larga conversación con mi nuevo compañero de oficina permitió que nos reconociéramos». Jorge Urrutia nunca trabajó en una oficina, entendida en España como un lugar dedicado a labores administrativas o de servicios varios, bien sea espacio compartido o individual. Estas dos aseveraciones tan fácilmente rebatibles por cualquier conocedor de la vida y obra del autor están destinadas a romper con el espacio mítico de la infancia para trasladarnos a un presente que construye, entre nebulosas de verdad, esa edad tal vez nunca vivida. Al tiempo, insiste en la ironía presente en muchos fragmentos de la obra de Jorge Urrutia. Poco más fantasioso que inventarse hermanos pues, en un momento dado, un niño de corta edad siempre pudo desearlos como compañeros de juegos.

Este momento de la narración nos hace preguntarnos si todo lo leído hasta esa página es verdad o mentira. Es ficción o es autobiografía. ¿Es memoria literaturizada o es autoficción?

También es significativo que Jorge Urrutia, que no es un poeta amoroso al uso, utilice este texto, «La primera herida del amor», como puerta a la perplejidad narrativa que, sin embargo, esclarece con una clave fundamental del relato poético la dualidad pasado y presente. Señalábamos que Urrutia ha definido su texto como memorias o falsas memorias (lo que es una clara contradicción), pero esta explicación genérica, que llevaría implícita la verdad real, es también matizada por el autor, quien vuelve a insistir en la importancia del constructo del lenguaje como única materialidad posible:

Dudé algún tiempo sobre si debía empezar estas memorias por el principio o por el final[100]. Pero solo dudé eso un momento. No importan mis memorias, sino los protagonistas que contemplo y los retazos del ambiente en que me hice. Ellos y ello. Ni todo ni nada, lo que en cada instante el escritor decide.

¿Eso es mentir? Si ocultar parte de la verdad lo es, ando mintiendo en cada página. Solo por la mentira existe la literatura y en esta sí que voy poco a poco avanzando, en contar una historia fragmentaria que el lector una luego con el pegamento de sus propios recuerdos y la amalgama de su fantasía. Y mentir, mentir, realmente, nada tiene que ver con lo que se dice o no se dice, sino con lo que importa al lector la verdad primigenia.

Y digo yo, señoras y señores del jurado, ¿le importa a alguien lo que fue de mí, si de mí se tratase en estas páginas, o más bien los lectores se interesan por el mundo iniciático que va elaborándose, sustentado por el andamiaje de la prosa, línea tras línea, en el libro presente?

La vida acaba anulándose en la escritura porque el libro no puede importar en virtud de la realidad de Jorge Urrutia, sino por lo que es en sí, por la escritura.

La codificación del libro dentro de los géneros habituales es una tarea que se presenta, por lo tanto, compleja. Juan Manuel de Prada lo considera como un relato «a la vez testimonio autobiográfico y testimonio lírico; uno de esos libros fronterizos que no se resignan al encasillamiento de los géneros, en los que la fabulación novelesca se funde con el submarinismo de la memoria»[101]. Ángel Basanta habla de «un libro singular que parte de la actual superación de géneros litera-

---

[100] O sea, por el pasado o por la muerte, pero también cabe interpretarse como empezar por el presente.

[101] Juan Manuel de Prada, «*De una edad tal vez nunca vivida*», *XL Semanal, Suplemento del Diario ABC,* 27 de junio, pág. 10.

rios en favor del mestizaje y la hibridación formal en busca de un texto proteico por multigenérico»[102].

Una de las singularidades de la narración autoficcional es el mestizaje: «de géneros que pertenecen tanto al mundo real (al mundo de los hechos), como al mundo ficticio (al mundo de la imaginación)»[103]. En cualquier caso, estamos ante un texto, utilizando las palabras de Basanta, multigénerico, donde el autor se «complace en recrear su pasado con la subjetividad de la poética entreverada de sus imaginaciones y ensueños». Luis Gómez Canseco, en un excelente artículo, reafirma el libro como relato poético —el concepto acuñado por Jean-Yves Tadié que retoma el mismo Jorge Urrutia al referirse a *Platero y yo*— porque «sería una narración compuesta por poemas en prosa que, aun siendo autónomos, mantienen una ligazón argumental»[104]. El relato autobiográfico siempre habla de un sujeto y en este libro el sujeto, con su yo enunciador, abarca todo el texto.

Sin duda, estamos en lo que, a partir del prologuillo a su libro *Fils* (1977), Serge Dubrovsky denomina «autoficción». Así, para Estévez, en *De una edad tal vez nunca vivida,* «la autoficción, avivada por el eco del recuerdo, en la amalgama de literatura y vida», emprende un viaje por el interior de la lengua y la memoria. En él, «la materia biográfica se deshace entre la ficción narrativa dando lugar a una literatura de extraña y decantada hermosura»[105].

En el ensayo de 1981, titulado «Sobre la práctica prosística de Juan Ramón Jiménez y sobre el género de *Platero y*

[102] Ángel Basanta, *«De una edad tal vez nunca vivida»*, *El cultural,* 28 de enero de 2011.

[103] Branca Kalenić Ramšak, «Los límites de la ficcionalidad: ejemplos de autoficción en la narrativa española actual», *Colindancias,* núm. 779, 2011, pág. 114.

[104] Luis Gómez Canseco, «La memoria en palabras», *Ínsula,* núm. 779, 2011, pág. 33.

[105] Francisco Estévez, *«De una edad tal vez nunca vivida»,* *Los Lunes de El Imparcial,* 22 de junio de 2010 [en línea].

yo», Jorge Urrutia buscaba delimitar los géneros de la poesía en prosa y de él tomamos estos dos párrafos

> Suzanne Bernard, en su libro sobre el poema en prosa, muestra cómo en Francia se descubre, a finales del XIX, dos salidas para el género. La primera es la de condensar lo expresado en brevísimas líneas, lo que constituirá el verdadero poema en prosa. Es la salida que practicará modélicamente Juan Ramón Jiménez en *Diario de un poeta reciencasado*.
>
> La segunda salida consiste en abrir la obra en capítulos, o en fragmentos, autónomo cada uno de ellos; se escribirá así un relato compuesto por una serie de poemas en prosa, al modo de los *Chants de Maldoror,* de Lautréamont. Esta segunda posibilidad fue muy practicada y, desde 1860, son raros los relatos formados por fragmentos cuya reunión traza una historia más sugerida que contada.
>
> Estamos, pues, ante un género literario no muy cultivado en España y que se denomina «relato poético».

Sin duda, Jorge Urrutia pretendió situar su libro en este género del relato en prosa, aunque habría que matizar algunas de las características que él mismo describe en su ensayo, siguiendo el libro de Jean-Yves Tadié: relato en primera persona, el decorado convertido en un elemento privilegiado de la narración, relato exclusivamente de una serie de instantes privilegiados, y el tiempo que solo se presenta como presente y detenido.

Las memorias, no cabe duda, se encuadran claramente dentro del relato retóricamente autobiográfico donde el narrador decide lo que expresa, incluso a costa de la posible verdad: «Ni todo, ni nada, lo que en cada instante el escritor decide... ¿Eso es mentir?». Entonces, podríamos encontrarnos, en palabras de Manuel Alberca, ante una autobiografía ficticia:

> Un autor se propone levantar un mundo imaginario con toda la suficiencia y libertad que le da la ficción, pero se sirve de un discurso narrativo fundamentalmente ambi-

guo, porque 1) adopta una voz narrativa en primera persona, que, al mismo tiempo que narrador es también personaje de la historia que finge así ser una historia real, 2) cuenta una vida o algún episodio de esta, es decir, adopta forma autobiográfica y 3) el autor puede adornar la vida o caracterización de su personaje con elementos biográficos propios[106].

Porque «el sujeto busca nuevas estrategias de manifestar su subjetividad en la creación artística que lo alejan de la autobiografía más tradicional»[107].

De una edad tal vez nunca vivida se distancia de las formas tradicionales de la autobiografía para acercarse a los lindes confusos de la autoficción. No estamos ante una narración clásica, sino mayoritariamente ante una escritura versátil y nueva. Las vivencias de la infancia son amarres necesarios para entender el presente del poeta que busca en su pasado, soñado o real, dar una explicación al viaje que ha sido su vida.

Debemos partir de las palabras que emplea el propio autor: «mis memorias». Pero, como ya hemos dicho, no son sus memorias completas, sino las de una edad concreta, la infancia, cuando se entrecruzan retales del presente en el que se narra. También hay memorias casi contemporáneas de la escritura. Señala Cecilia Fernández Prieto:

> El pasado tiene mucho de elaboración colectiva. Y ello es evidente en la manera en que la amnesia infantil es paliada por la memoria de otros. Heredamos recuerdos: un patrimonio de historias circula entre los miembros de una familia, de un grupo social, que nos hablan de cómo éramos, qué hacíamos, qué decíamos [...] Toda una red de relatos orales con los

---

[106] Manuel Alberca, *El pacto ambiguo,* Madrid, Biblioteca Nueva, 2007, pág. 94.

[107] Natalia Vara Ferrero, «Lecciones del "yo"...», *RECIAL,* vol. 8, núm. 11.

que nos rellenan y rellenamos los huecos de una memoria defectiva hasta el punto de que a veces apenas sea posible discriminar si una escena la vivimos realmente o es un recuerdo ajeno incorporado como propio[108].

Ya afirmó Ángel Basanta sobre el libro de Jorge Urrutia:

El eje vertebrador de esta subjetiva recreación memorial está constituido por los recuerdos del yo narrador y protagonista durante su infancia en la posguerra española. Muchos rasgos del yo narrador coinciden con los del autor: se llama Jorge, es hijo del poeta Leopoldo de Luis (su apellido era Urrutia y había hecho la guerra con el ejército republicano) y exhibe su condición de escritor[109].

El autor elabora una narración con la que no pretende dar cuenta de su vida entera, sino solo construir un conglomerado de recuerdos que discrimina. Junto a las peripecias indiscutiblemente biográficas, podemos añadir otros datos constatables como ciertos en la biografía de Jorge Urrutia. Así, la madre, María Gómez, a quien Leopoldo de Luis conoció en Jimena de la Frontera, la educación en el colegio francés, las referencias a sus abuelos paternos y maternos, el mundo rural andaluz... Los libros de poesía del autor han ido sembrando rasgos biográficos y aportando visiones distintas de las experiencias, según ya vimos en un poema sobre su casa de infancia. Así sucede con «poema ante Jimena de la Frontera donde fue el inicio del comienzo» de *Del estado, evolución y permanencia del ánimo,* ampliamente comentado por José Jurado Morales[110]. También

---

[108] Cecilia Fernández Prieto, «Intimidad y relato de Infancia», *Signa,* núm. 19, 2020, pág. 87.

[109] Ángel Basanta, «De una edad tal vez nunca vivida».

[110] José Jurado Morales, *Soldados y padres,* Sevilla, Fundación José Manuel Lara, 2021, págs. 96-118.

conviene recordar «Canto a Andalucía», de *Una pronunciación desconocida,* donde títulos de libros del padre, Leopoldo de Luis, conducen a la madre, Maruja: «Alba de un hijo huésped ya del tiempo / horizonte imposible / limpio otoño, real árbol paterno, / juego y temor de grises / sencillamente yendo. // Tranquila, en el camino mueve una / cortina de elegía la mano de Maruja»[111].

Díez de Revenga describe el libro como un conjunto de experiencias que forman «una serie de relatos sucesivos, en los que se reviven aquellos tiempos pasados junto a recientes experiencias familiares, vivencias entrañables evocadas con un especial realismo, casi realismo mágico»[112], que Basanta considera breves secuencias. Si utilizásemos la clasificación de Benigno León Felipe para los poemas en prosa, estaríamos ante un «poema en prosa integrado» porque «suele ajustarse a una extensión media ligeramente superior al poema en prosa puro». Fija su singularidad en que «son poemas que están integrados desde su génesis en una entidad literaria superior, pero que poseen la autonomía suficiente para ser considerados como poemas independientes»[113].

El libro se divide en tres partes que Ángel Basanta describe así:

> La primera se centra en el recuerdo de la pericia del padre, represaliado en la posguerra. En la segunda, más amplia, que constituye el cuerpo central del libro, se suceden múltiples textos fragmentarios y de diferente naturaleza, con recuerdos y reflexiones acerca de la infancia en la pos-

---

[111] *Alba del hijo, Huésped de un tiempo sombrío, Los horizontes, Los imposibles pájaros, Elegía en otoño, El árbol y otros poemas, Teatro real, El padre, Juego limpio, Igual que guantes grises, Una muchacha mueve la cortina* y el poema «Será sencillamente».

[112] Francisco Javier Díez de Revenga, «Jorge Urrutia en su mundo», 2015, pág. 52.

[113] Benigno León Felipe, *Antología del poema en prosa español,* 2005, pág. 25.

guerra (situaciones familiares, celebraciones navideñas, etc.), narraciones y leyendas, generosa de versos de creación propia y con citas de otros de poetas admirados. [La tercera, más breve] está formada por tres textos a modo de epílogo en donde el yo narrador reflexiona sobre la soledad y la muerte, para terminar refugiándose en el poder salvador de la literatura y, al cabo, en un canto a la vida.

La estructura de estas tres partes se configura de forma similar entre el pasado y el presente. Todo lector de la poesía de Jorge Urrutia es consciente de que el poeta no deja nada al azar en su obra. La estructuración de sus poemarios responde a un trabajo de medido equilibrio entre sus partes para que el libro tenga un sentido unitario. En su antología *Construcción de la realidad* ya asentaba como principio creativo que aspira «siempre a publicar libros unitarios, no colecciones de poemas»[114]. Así, refiriéndose a *De una edad tal vez nunca vivida,* Luis Gómez Canseco encuentra un sentido indisoluble en sus tres partes: «El agua originaria», «La corriente» y «Agestión»,

> dispuestas en un orden cronológico como simbólico, la primera de esas secciones se centra en la figura del padre; la segunda y más extensa atiende a la construcción del propio yo; y la última, «Agestión», esto es, agregación de materia, mira hacia el futuro bajo la imagen simbólica de dos hombres —Fernando Lopes y Napoleón Bonaparte— atrapados en la misma isla de Santa Elena en dos momentos diversos de la historia[115].

El poeta escribe desde un presente adulto que a veces podríamos datar con facilidad, si acaso eso importara. En la primera parte, «El agua originaria», narra el encuentro en-

---

[114] Jorge Urrutia, «Nota del autor», en *Construcción de la realidad,* Sevilla, Alfar, 1989, pág. 15.
[115] Luis Gómez Canseco, «La memoria en palabras», pág. 34.

tre sus padres en la estación de Jimena, pero también introduce los textos 6 y 7 (en esta primera parte los poemas-relato carecen de título) donde el poeta adulto se sitúa en una Bogotá actual que rememora la Jimena mítica de la infancia y el agua iniciática. El poeta está en el presente de la escritura. Luego introduce otro texto, el 8, que evoca de nuevo la infancia y que termina con una narración de gran acierto constructivo con la mitificación del padre:

> Volvía de su secreto paseo y cargaba una tristeza de siglos. Con Góngora hubiera dicho *Ni en este monte, este aire, ni este río / corre fiera, vuela ave, pece nada, / de quien con atención no sea escuchada / la triste voz del triste llanto mío*. O volvía de un viaje de siglos. Pero llegaba a la gran mesa y sonreía[116].

Y el poema termina con una referencia que va a abrir el texto completo: «decía tan bajito que solo yo podía oírlo: "Esa jarra..."». Los dos elementos fundacionales dan colofón a esta primera parte: el agua del Regüé y la palabra del padre.

La segunda parte, «La corriente», está formada por treinta y cinco capítulos (que denominamos relato-poema), cuatro de los cuales inéditos, se añaden a esta edición. Se desgrana la infancia y sus espacios. Estos serán Jimena, el pueblo mítico y mágico, y la ciudad de Madrid, con sus ambientes interiores: la casa, la escuela o sus descampados llenos de sombras. Resultan centrales las figuras paterna y materna, pero también tendrán especial importancia los abuelos. Estos son el origen del origen y se configuran como elementos esenciales en la formación del poeta, porque le enseñarán la resignación y fortaleza necesarias para sobrevivir con valor a un tiempo tenebroso. Así, la abuela paterna será un ejemplo de entereza en la miseria diaria, en la ruina sobrevenida: «Ahora,

---

[116] Obsérvese que aquí la mesa, símbolo de agarre en tantos poemas de Urrutia, tiene el calificativo de *gran,* lo que amplía su valor como enlace familiar, tan importante en esta narración.

en la oscuridad, ya no sé si del día o de la vida, mi abuela Vicenta recordaba las partituras que había tocado asiduamente al piano». El abuelo paterno, Alejandro Urrutia, hombre culto y erudito, se vinculará a la lectura iniciática:

> El abuelo dormía solo, en una estrecha cama turca que, cuando los demás de la casa se levantaban, ya estaba recogida y oculta por una cortinita de flores estampadas. A las cinco de la mañana, el abuelo prendía una cerilla y encendía una vela. Luego empezaba su lectura.
>
> El nieto siempre vio al abuelo leyendo: en casa, cuando andaba por la calle, en el metro, cuando esperaba junto a un castaño de la acera su salida del colegio.

Los abuelos maternos, Antonio Gómez y Juana Sierra, se vinculan con el arraigo a la tierra, al sur original:

> Éramos unos emigrantes más de una tierra de emigrantes y como tantas familias del pueblo, de todos los pueblos andaluces, reíamos al completo cuando la lluvia de estrellas de agosto cubría la felicidad de los abuelos que contemplaban de nuevo la familia, evidentemente numerosa en su tradición campesina a punto de olvidarse.

Juana Sierra será recordada en la casa, uniendo el círculo familiar entre fogones y ollas de comidas. Antonio Gómez es dibujado como un hombre trabajador y sobrio, pero comprometido con su devenir histórico sin fisuras, como también se había mostrado al padre.

> Un día, al repartirse la faena, llegaron los civiles. ¿Está José Chacón Sierra? Silencio. Mi abuelo salió del mostrador. Hoy no ha venido, sargento. Los guardias miraron entre los arrieros inquietos. Si viene me avisa, ¿entendido? Desde luego, sargento. Se fueron y el silencio pareció pegarse a las paredes. Volvió al mostrador y miró sus papeles. Cogió el lápiz de tinta y lo mojó en la lengua. Mesa, te subes al Lentiscal y no bajes en cinco días.

Al lado del personaje apodado El Mesa, están otras gentes del pueblo, como el barbero, por quien pasaron «todos los uniformes y todas las graduaciones», condenado por la enemistad de un cura que lo denunció, o el miliciano huido a Francia que atraviesa la frontera arriesgando la vida, para volver a Jimena a impedir el matrimonio de la joven que amaba, y que se casaría con el padre del narrador llamado Jorge. La pregunta sobre quién sería, en realidad, la joven amada de la foto, que conservaba el miliciano, queda atrapada en los límites de la ficción, entre la verdad o el engaño de la memoria que construye el mito y lo revive cuando la historia vuelve a contarse. Pero la importancia de los abuelos es tan notoria en todo el libro que el poema «Valéry en la fonda» imagina un encuentro posible de ambos hombres y los configura.

Hacia el final encontramos uno de los escritos más emotivos, «De puntillas», donde el poeta desgarra sus sentimientos para hacer patente la acompañada muerte del padre: «Llegó el dolor intenso, la agotadora atención de los médicos, las sondas, el sedante. Abrió mucho los ojos y parecía pedirme una imposible ayuda. La calma paulatina no fue sino un apagarse lentamente».

Este segundo bloque acaba en el origen de todo, con un poema de título afortunado, porque recoge la edad soñada y vivida tal vez, «Conjugación en verano histórico»: «He pisado de nuevo las calles de mi infancia y solo me conocen las adelfas», la vida es siempre una desaparición. Y el tercero, aparentemente ajeno al resto del libro, tiene, según vimos, un sentido metafórico que resume la violencia, la fuerza personal y la belleza. Pero todo cobra existencia presente por el acto de escribir: «Comprendí que la importancia radica en la escritura, en la posibilidad de hacer mía, siquiera una vez la palabra». Una escritura que, por sí sola, devuelve a la vida.

Si la obra de Jorge Urrutia se enmarca en la poesía moderna de raíz simbolista —aquella que, según Juan Ramón Jiménez, camina desde Juan de Yepes hasta él mismo, pasando por Bécquer—, las palabras adquieren un valor más allá de lo que enuncian referencialmente. Así, la figura femenina adquiere una dimensión que alguno pudiera considerar meramente retórica. La mujer, en sus poemas, responde a la ética-estética simbolista y condensa la poesía, es la misma poesía; así como el encuentro amoroso es el sacrificio de la elaboración poética. Por ello no se le puede calificar exactamente de poeta amoroso, ya que no intenta escribir poemas de amor dedicados a una mujer, sino que poema y mujer vienen a significar lo mismo: «¡Quién fuera aquel grande poeta delicado / mujer, poema, amor, para lanzarte!»[117]. El sentido erótico recae, no el cuerpo en sí, sino en el sentido del tacto, que tiene tanta importancia en sus poemas. Son los objetos, los gestos, la constancia de las prendas de vestir, el hacer o el no hacer, quienes sustentan el sentir erótico. El poema «Presencia de una ausencia», de *Una pronunciación desconocida,* puede servir de ejemplo: «Retiene entre sus dedos la marca de los límites, / la pequeña barrera del tejido oprimido, / la arruga de la seda, el trenzado levísimo del raso».

Las relaciones de su poesía en verso con su prosa radican en los detalles de los hechos, en los comportamientos, los modos o los objetos que pespuntean la vida diaria. La presencia de objetos cotidianos, claramente familiares, son una constante de su obra. Javier Díez de Revenga, comentando *Cabeza de lobo para un pasavante,* mantiene que

---

[117] Jorge Urrutia, *Delimitaciones,* pág. 27.

Los poemas ofrecen un aspecto general realista e incluso cotidianista, ya que el poeta, desde su atalaya, y utilizando la voz de la tercera persona para sus composiciones, completa y desarrolla un mundo poético inteligente, basado en la contemplación de la realidad, pero debidamente alambicado por la perspectiva de la voz poética que surge cohesionada a lo largo de todos los poemas del libro[118].

Esto también está claro en la prosa de *La travesía*: «pero el poema es a ella igual y desigual a un tiempo, no es posible engañarte creyendo que la tienes contigo [...] mas el poema se escribe irremisiblemente porque no puede hacerse el amor de otra forma»[119]. La palabra llega a convertirse en la manifestación y la plasmación de un amor que reivindica y poetiza la relación sexual: «pues la palabra es un sexo entre los labios, / hablar es como amar. // Y esos labios pronuncian»[120]. Por eso Luis Gómez Canseco, paradójicamente, atina cuando afirma que

> el amor y el sexo son elementos esenciales en la obra de Jorge Urrutia, hasta el punto de que buena parte de esos poemas, dispuestos en sucesión casi histórica, conforman una suerte de cancionero amoroso, que corre paralelo al devenir intelectual del poeta[121].

No podemos olvidar que Jorge Urrutia distingue el mundo poético del real. Entiende que la escritura no es un ejercicio de confesión. Y esto tiene una doble posibilidad: la realidad vivida no existe en el poema, o bien si se integra en

---

[118] Javier Díez de Revenga, «Jorge Urrutia: tiempo y vida en *Cabeza de lobo para un pasavante*», en Francisco Estévez e Isabel Román Gutiérrez (eds.), pág. 201.

[119] Jorge Urrutia, *La travesía,* pág. 28.

[120] Jorge Urrutia, *Delimitaciones,* pág. 65.

[121] Luis Gómez Canseco, «*Del estado, evolución y permanencia del ánimo:* Entre el lenguaje y el mundo», en Francisco Estévez e Isabel Román Gutiérrez (eds.), pág. 124.

él, pero el autor la disimula, la esconde, nos dice que no es la verdad. De manera que podemos plantear nuestro análisis considerando que se trata de una mujer para hablar de la poesía, o bien se trata de la poesía para hablar de una mujer. El lector, pues, se ve implicado en un juego de espejos que, a la vez, reflejan y esconden, o lo contrario.

En *De una edad tal vez nunca vivida* el erotismo casi no existe, lo que importa es la conciencia del mundo, no solo el recibido, sino aquel que ha conformado su necesidad de estar en él. Para ello, lo que se narra o se describe se ofrece como realidad, pero pudiera no haberse producido, por eso en el título se manifiesta la duda: *tal vez.* Pero en esta magia de la escritura, resulta que todo es verdad, porque la certeza no debe apoyarse en los hechos, sino en la escritura.

Desde el espejo de *De una edad tal vez nunca vivida* surge un profundo sentido de reivindicación de lo individual para sentirse miembro de un ser colectivo. Como dijo Jorge Urrutia en una intervención, titulada «Reflexión en La Romareda», durante un coloquio en la Universidad de Zaragoza, organizado por el profesor Túa Blesa: «El poema importa, no tanto por la experiencia escritora, sino porque permite una experiencia lectora. Para mí, esa experiencia es el descubrimiento del sí mismo como individualidad libre, dentro de la colectividad o no».

La escritura se presenta como una dualidad entre lo interior y lo exterior que confluyen en el poema, y alcanza pleno y único sentido en la lectura. Para ello, necesita sujetos que salgan a la búsqueda de la expresión. El viajero, el marinero se enfrentarán a la travesía, al mar, a la quietud y al movimiento, tan opuestos como necesarios. Pero también un narrador, adulto que busca su mirada de niño, capaz de recorrer un tiempo que existió y tan solo se escribió en las arrugas de su cuerpo. Esa necesidad explica la última parte del libro y, en especial, el capítulo titulado «Memorial de Santa Elena». La grandeza de este libro radica en que el narrador, pese a que utilice un pronombre de primera persona, un *yo,* se ofrece sin embargo como un vacío capaz de llenarse con el *yo* de cada uno de los lectores. Resulta una paradoja que, Urrutia, en su obra mayor en verso (o en *La travesía),* escriba en tercera persona, para que un *él* aleje la sentimentalidad de un *yo,* y en *De una edad tal vez nunca vivida* el *yo* aparezca retóricamente como un vacío que puede acoger a un *él.*

Un poema de *Cabeza de lobo para un pasavante* se titula significativamente «Ritos y reflexiones». En él repasa los hábitos imprescindibles del comienzo de la mañana: la elección del traje, de la camisa y la corbata, cepillar los zapatos, verificar la pulcritud de las uñas, recoger los papeles, los libros, las gafas, etc. Estos elementos reales dan sentido al mundo cotidiano frente a la inmensidad del mar. Añadamos la importancia que cobran las mesas, las puertas, los platos, las tazas o los espejos que permiten el descubrimiento fugaz de uno mismo. También en *De una edad tal vez nunca vivida* los objetos, los pequeños actos cotidianos, lo que se toca, se huele, se bebe, tienen enorme importancia, porque sostienen el mundo. El descubrimiento del amor no se hace a través de un sentimiento, de una admiración, de la consideración de la belleza, de ninguna abstracción, sino de una chapa de botella, desligada de su función inicial.

Así también, el padre es un guía, una mano, una presencia, y la madre es la memoria de lo conocido, incluso a través de lo que calla. De hecho, los apartados que llevan como título «[Me lo contaba ella]», entre corchetes para distinguirlos de los demás textos, se refieren a la madre y aportan información sobre los hechos de la guerra civil, que empiezan a introducirse en el capítulo «La corriente», título que evoca la imagen del agua que se abre camino hacia el pasado. Sabemos por estos testimonios de la madre de la ejecución de un fugitivo cuyo cuerpo se arroja al agua; la esperanza ciega de los hermanos, obligados a cavar su propia fosa; el camión que deja los muertos en el cementerio; el perseguido que visita cada cierto tiempo el bar de los abuelos... También, en el capítulo titulado contrariamente

«[Nunca lo contó mi madre]», se recoge, a través de otros, la aventura valerosa de un joven combatiente huido, que atraviesa dos veces el país y la frontera para entrevistarse con la madre. Es así muy significativa, por tanto, la relación de la mujer-madre, asociada a la experiencia de la guerra, de la muerte, pero también al amor y a la vida.

En el capítulo que abre el libro, «Respirar por la herida», en cambio, se evoca la tranquilidad del hogar acogedor, la vida cotidiana con las figuras tutelares, la madre y el padre: «Compartíamos el mismo aire, así, mis padres y yo con los libros y la costura, con los juguetes y con Cervantes, Manrique, Blas de Otero...». Porque los padres construyen el refugio seguro gracias a sus hábitos cotidianos, y es en aquella calma del hogar donde mejor destilan las experiencias traumáticas del pasado. Pero en esa paz fabricada y propiedad de la familia pueden sentirse abiertas las heridas cuando se lee una carta enviada desde el penal de Burgos donde está preso el tío, el padre, el hermano, el marido, como refiere en el capítulo «Carta de Navidad» que, como se indica en su lugar, es el primero escrito y publicado. Es en este equilibrio, entre la vida, la muerte, el amor y la esperanza, donde el autor busca encontrar una reconciliación con el pasado.

Hemos de entender que la vida, como la escritura, en la obra de Jorge Urrutia se plantea como un viaje, y que en su búsqueda el poeta va al encuentro de la poesía. Cristina Estofán, en un trabajo sobre *La travesía,* libro que hemos definido ya como «relato poético», subrayaba que aquí su protagonista es

> la conciencia que revive momentos clave de la creación de la escritura por el sendero de la experiencia; es el canto del viajero en ruta que regresa a su memoria, llena de presagios y predicciones; es una superposición de realidades y experiencias[122].

---

[122] Cristina Estofán, «Resonancias y asociaciones: *La travesía* de Jorge Urrutia», en *El regreso de Ulises en la literatura española actual,* pág. 134.

El título mismo sugiere el sentido del viaje, de modo que el eje semántico estructurador del texto sería la relación viaje/poema. En *De una edad tal vez nunca vivida* se trata de un viaje al interior de la conciencia, por los caminos de la memoria y del olvido, para traer al presente la emoción de unos hechos vividos a través de los otros, aquellos otros que configuran y moldean el ser del narrador: la actitud hacia el pasado, el peso de la historia, la guerra civil padecida por los suyos, pero no solo eso, también el privilegio del encuentro con el otro, con los otros como colectividad.

El mito del viaje de Ulises, que estructura *El mar o la impostura* y, de alguna manera, *La travesía,* vuelve a estar presente en *De una edad tal vez nunca vivida,* en «Motivos de escritura» donde precisamente se recuerda que el narrador estuvo a punto de ahogarse, y que este hecho fue contado en este libro anterior. Este capítulo refiere la caída hacia el abismo que implica el acto de la escritura, un descenso absoluto, y al instante en que toda la vida pasa en segundos pavorosos, mientras una luz pesante y clara se volcaba como ceniza oscura: «[...] pues me estaba ahogando y, entonces, en los estratos medios del abismo, decidí escribir el primer poema».

La invención poética se convierte en un quehacer activo del creador que debe salir para hacerla patente. El viajero, el marinero se enfrentarán a la travesía, al mar; a la quietud y al movimiento, tan opuestos como necesarios. Para Cristina Estofán:

> El naufragio de esta travesía que se desprende de la peripecia homérica, realiza un viaje desde su propia experiencia existencial por medio de la palabra poética. Así, va tejiendo resonancias que a través de la reflexión se van asociando y revelándose como registro de su viaje interior en la penumbra implícita de las presencias adentradas por el sentimiento del vivir y del amar[123].

[123] Cristina Estofán, «Resonancias y asociaciones*: La travesía* de Jorge Urrutia», en Mabel Brizuela y María Amelia Hernández, Córdoba (Argentina), Facultad de Filosofía y Humanidades, 2008, pág. 141.

El poema es producto de un trabajo interior y serán los elementos materiales los que reflejen el proceso del diálogo, del conocimiento, de la reflexión, tarea que no se puede hacer de un modo ajeno a la realidad diaria y casi común.

En *De una edad tal vez no vivida* el agua ya no es tan solo, como en sus poemas de matriz simbolista, una corriente que atraviesa el tiempo y nos lleva con ella, como la intrahistoria unamuniana. Es también el símbolo de la libertad, una libertad con la que se comulga y se siente el interior, desligado del encierro impuesto, del trabajo forzado, de la censura sufrida. Por eso tiene tanto protagonismo desde el comienzo del libro, cuando en el tercer capítulo de la primera parte dos hombres atados con alambres, llevados al campo de concentración como el ganado, fatigados y sedientos, piden agua a las dos muchachas que pasan delante de ellos. El agua calma a los menesterosos, fortifica a los débiles y alivia a los enfermos, el agua lava las culpas de la humanidad y permite la entrada en el reino de los cielos. Agua de vida que marca una continuidad y un comienzo, porque quien la ofrece y quien la bebe se hacen uno.

Con el mito se viaja al origen del mundo. Mana el agua de la fuente, se vuelca en la jarra, es llevada por la mujer y bebida por el hombre. Así, con este u otro símbolo, recomienza el ciclo de la vida, el amor y la muerte. El autor se sumerge en los estratos del abismo para encontrarse consigo mismo. El poeta se abandona ciegamente al impulso que lo arrastra entre las olas de la vida. El arquetipo sería Ulises, el viajero, el navegante, el presidiario, y todos confluyen en Telémaco, en el niño.

Al final del libro, como el Telémaco de Fénélon[124], ha aprendido que, para conocer a los hombres, hay que haber estado entre ellos y saber descubrir en ellos todas sus capa-

---

[124] Nos referimos a *Les aventures de Télémaque, fils d'Ulysses, par Fénélon,* 1699.

cidades secretas. Para hacerlo, cuenta con la palabra y por la palabra existe el escritor. A lo largo de su camino ha buscado las palabras justas y elegido aquellas que expresan la medida del ser: «La lengua es como el agua, nos salva del pasado». Todo lo hace presente y lo convierte en vida. Es de notar que el agua en este libro, según observa Gaston Bachelard[125] en *El agua y los sueños,* posee dos valores contrarios siendo el agua dulce que mana de la fuente el positivo, mientras que el agua salada del mar es el negativo. En *De una edad tal vez nunca vivida* el amor surge con el agua del Regüé, pero el niño estuvo a punto de ahogarse en el mar. También desde el cabo donde unos personajes miran hacia Gibraltar, descubren un cuerpo flotando. Esta imagen refuerza el temor de que sumergirse en el mar acerca a la muerte. También en el río el niño aprende que las aguas subterráneas pueden ser amenazadoras. La supremacía corresponde siempre al agua dulce y visible, incluso domeñada en el cántaro o la jarra. Pero, no la dejemos de lado, Urrutia ve una tercera posibilidad. En el agua materna radica la paz, el dolor surge con el nacimiento: «Naufragar es nacer. Salir del amnios, / arañarse la cara con la arena, / saber no saber nada / y comenzar el llanto». Es el inicio de un poema de *Ocupación de la ciudad perdida* donde el nacimiento y la vida significan lo mismo: el dolor.

Coda

De una edad tal vez nunca vivida se compone de memoria y palabra. Cuenta con tres pilares esenciales: la presencia de los padres, Leopoldo y María, Mariquita, según se la nombra, la literatura como experiencia vital y la historia como devenir en la corriente del tiempo en la que navegamos.

---

[125] Gaston Bachelard, *L'eau et les rêves,* París, José Corti, 1994, *passim.*

Los padres aparecen ya en el primer libro de Jorge Urrutia *Lágrimas saladas* (1966), donde la infancia humilde se ilumina por los progenitores. En el poema «Cuatro pisos hacia el cielo» encontramos ya una situación familiar que domina casi toda su escritura: «Yo antes vivía en una casa muy humilde. / En un primero. // Un resplandor en la puerta me anunciaba / A mi padre trabajando /Allí en la mesa. // Mi madre, ya cansada, / Trasteaba en la cocina»[126]. La dedicatoria de *El grado fiero de la escritura,* poemario rompedor en su momento no es casual: «para mis padres /primeros pobladores / de mi habla». La intimidad, especialmente con el padre, va más allá del amor paterno. Juan Manuel de Prada, desde la amistad que le unía con el poeta Leopoldo de Luis, ahonda en la idea de que Jorge Urrutia

> rinde un homenaje a su padre difunto como solo se puede hacer desde la mismidad de la sangre; pero lo hace sin incurrir en el panegírico arrebatado o en la tentación hagiográfica, con ese delicadísimo y elusivo pudor que fue cortesía del padre y que en la obra del hijo se encarna con una naturalidad y un ascetismo que asombra y conmueve a partes iguales[127].

Pero hemos de subrayar, además, la importancia trascendental de la madre. Por eso resulta tan importante en el libro el capítulo titulado «La lengua materna» que, bajo la apariencia de un ensayo casi profesional, conduce la discusión sobre la lengua a su práctica modesta y cotidiana que define y hasta contradice su personalidad. Es la conciencia de un origen que no lo abandona, sea cual sea su situación presente. Es un fundamento ético que condiciona la estéti-

---

[126] Jorge Urrutia, *Lágrimas saladas,* págs. 25-26

[127] Juan Manuel de Prada, *«De una edad tal vez nunca vivida»,* pág. 10.

ca. «No estoy seguro de que la lengua materna tenga mucho que ver con la madre». Porque la lengua se hereda de unos y de otros. «En numerosas ocasiones es la del padre.» Y es que «lo que realmente importa es en qué momento la lengua de uno es realmente propia», porque las palabras son y nos hacen libres. Y es precisamente la madre quien da noticias de la guerra civil, pues el padre nunca se refiere a ella, aunque la viva y por ella llega a Jimena, y luego parece desempeñar alguna función política.

Si el padre es la reflexión, la palabra precisa, el pensamiento libre y sereno, la madre será el sentimiento: «Se le saltaron las lágrimas a mi madre». La madre, todas las madres, «madres que secaron rostros dentro de la fosa y humedecieron sus duelos junto a un pozo», vincula con la tierra, con el pasado de una historia dolorosa que, en el padre, es siempre presente. No se limita el libro al recuerdo infantil. Se trata de la vinculación de la infancia con la historia familiar y personal, con una verdad histórica incuestionable y muchas veces ocultada en la vida diaria fuera de la casa.

En *De una edad tal vez nunca vivida,* a través de fragmentos, encontramos la génesis casi mítica de la poesía de Jorge Urrutia: «Bien, pues me estaba ahogando y, entonces, en los estratos medios del abismo, decidí escribir el primer poema». Porque se escribe en el borde del abismo, entre la vida y la muerte, atravesando barreras, sitiando una ciudad, marcando los límites, conquistando el territorio de la lengua, que se hace propia en la palabra que nombra, la palabra proferida que da vida: «una vida permite, simplemente, que la vida permanezca». Y así, la génesis de la poesía viene a ser la génesis del mundo.

Estéticamente, la obra de Jorge Urrutia parece nacer de una reflexión del poeta francés Michel Leiris (sus libros se encuentran en la biblioteca de nuestro autor), quien, en 1925, escribía que «una misteriosa aberración hace creer a los seres humanos que el lenguaje nació para facilitar sus relaciones mutuas». Pero si separamos el lenguaje de los usos que prevé la lingüística, este «se transforma en oráculo y tenemos así un hilo que nos guía en la Babel de nuestro espíritu»[128].

[128] Michel Leiris, *Glossaire, j'y serre mes gloses,* París, Mercure de France, 1969.

Esta edición

Hemos utilizado la única edición existente hasta ahora de *De una edad tal vez nunca vivida.* Hemos corregido erratas, aclarado algún término poco habitual y cotejado lo que se había publicado tempranamente en prensa. Además, hemos incorporado cinco capítulos que no figuraban en la primera edición, que el autor ha tenido a bien facilitarnos e indicarnos en qué lugar del libro debían integrarse. A pie de página aclaramos el significado de alguna palabra no habitual o ciertos localismos andaluces y explicamos las claves de comprensión y los datos históricos. Hemos procurado descubrir y aclarar citas de otros autores presentes en el libro, tanto las expresas como las ocultas; sospechamos que no hemos descubierto todas porque el libro es profundamente intertextual. Son también numerosas las referencias del autor a su propia obra.

No ocultamos que hemos aprovechado la larga amistad que disfrutamos con Jorge Urrutia para conseguir información sobre la composición del libro. José María Fernández Vázquez desde que fue alumno suyo en la Universidad de Sevilla durante los años ochenta. Consuelo Triviño Anzola se acerca a su obra cuando empezó a redactar, por encargo de la editorial Biblioteca Nueva, hoy desaparecida, el prólogo a su antología *Será presente lo que ya es pasado,* en 2016. Esto nos ha facilitado el acceso a su estupenda y amplia biblioteca y a algunas de sus carpetas. El que Jorge Urrutia suela indicar en los libros de su biblioteca la fecha en que los adquirió ha facilitado en ocasiones el trabajo.

Agradecemos al autor las dos largas conversaciones que hemos tenido con él, en las que nos explicó la gestación de este libro, así como aspectos biográficos imprescindibles para su mejor comprensión. Durante ellas conocimos la existencia de ciertas páginas que, por responder a similar sentimiento, tono y estilo, podían integrarse al volumen. Nos autorizó a incorporar algunos textos, como hemos dicho: «Huida en el otoño», «El barbero de Jimena», «Los trenes», «[Nunca lo contó mi madre]» y «Los cuadernos». Sin embargo, con otros que a nosotros nos parecían oportunos e, incluso, clarificadores, se negó porque, según él, forman parte de un conjunto distinto. Quede constancia, pues, de que existen otros poemas en prosa, pues así deben considerarse, alguno publicado en un periódico americano, que es posible suponer que algún día den lugar a otro libro de «falsas memorias», como Jorge Urrutia gusta calificarlos.

Queremos resaltar otra información que nos pareció sumamente interesante. Nos confesó que, durante su escritura, releyó en voz alta numerosas veces el libro, con objeto de evitar cacofonías y rimas internas y obtener el ritmo que consideró adecuado. La relativa amplitud del volumen le impidió seguir el método que parece mantuvo con su libro *La travesía* que, según explicó, leyó entero en voz alta antes de acostarse todos los días con la intención de conservar siempre el mismo ritmo. Esta práctica de escritura que no hemos sabido destacar en esta edición crítica dice mucho de la forma de trabajar de Jorge Urrutia, y de su convencimiento de que las historias o anécdotas por sí mismas no son nada y se pierden en el conjunto de los hechos humanos. Solo la forma las hace singulares y les permite permanecer.

De una edad tal vez nunca vivida es un libro que, pese a su limitada circulación —tal vez por haber aparecido en una colección exclusivamente de poesía, lo que sin duda limita el público— se convirtió pronto en una obra especialmente considerada entre los amantes de la literatura de intensidad emocional. Por ello hallará un lugar cómodo en esta colección de Letras Hispánicas de la editorial Cátedra.

Bibliografía*

Obra de creación en prosa de Jorge Urrutia

Semió(p)tica [textos entreverados con ensayos teóricos], Valencia, Fundación Instituto Shakespeare e Instituto de Cine y Radiotelevisión, 1985.

La travesía, Madrid, Hiperión, 1987. Traducción al portugués: *A travessia,* Lisboa, Íman Ediçôes.

«Y con muda sorpresa la observaba», en *Syntaxis,* núms. 30/31, 1993.

De una edad tal vez nunca vivida, Madrid, Bartleby, 2010.

Obra en verso de Jorge Urrutia

Lágrimas saladas, Caracas, Lírica Hispánica, 1966.

Amor canto el primero, Málaga, Cuadernos de María José, Librería Anticuaria El Guadalhorce, 1967.

Con la espada de mi boca, en *Doce jóvenes poetas españoles,* Barcelona, El Bardo,1967.

La fuente como un pájaro escondido, Bilbao, Editorial Vizcaína, 1968.

El grado fiero de la escritura, Carboneras de Guadazaón, El toro de barro, 1977. Segunda edición: *El grado fiero de la escritura y más,* Córdoba, Cajasur, 2006.

---

* La fecha de última consulta de los hipervínculos que figuran en la siguiente bibliografía es del 14 de marzo de 2025. *(N. del E.)*

Del estado, evolución y permanencia del ánimo, Zaragoza, Publicaciones Porvivir Independiente, 1979.

Delimitaciones, Madrid, Visor, 1985.

Construcción de la realidad, Antología 1966-1989, Sevilla, Alfar, 1989.

Invención del enigma, Madrid, Rialp-Adonais, 1991. Traducción al árabe: Tánger, Litograf, 2007.

Cabeza de lobo para un pasavante, Madrid, Palas Atenea, 1996. Segunda edición: Copenhague, Aurora Boreal, 2015.

Una pronunciación desconocida, Madrid, DVD ediciones, 2001. Traducción al árabe: Tánger, Litograf, 2007.

El mar o la impostura, Madrid, Visor, 2004.

Ocupación de la ciudad prohibida, Madrid, Calambur, 2010.

Será presente lo que ya es pasado (Antología 1966-2016), Madrid, Salto de Página, 2016.

Presente continuo (Antología), Santo Domingo, Editora Nacional, 2018.

De la naturaleza de las cosas (más o menos una antología), Valladolid, Fundación Jorge Guillén, 2023.

PUBLICACIONES SOBRE JORGE URRUTIA

ALVAR, Manuel, «El signo solo es él», en Francisco Estévez e Isabel Román Gutiérrez (eds.), 2011, págs. 195-197.

AMESTOY EGUIGUREN, Ignacio, «Jorge Urrutia, plural y singular», en Francisco Estévez e Isabel Román Gutiérrez (eds.), 2011, págs. 19-28.

ARIZA, Manuel, «Un poema en prosa: *La travesía* de Jorge Urrutia», *Revista Salina,* núm. 7, 1993, págs. 75-78.

BALCELLS, José María, «Poética del contraproyecto en la poesía de Jorge Urrutia», en *Universitas Tarraconensis,* núm. XI, Tarragona, Facultat de Filosofia y Lletres, 1987, págs. 75-84.

— «La travesía poética de Jorge Urrutia», *Caligrama: revista insular de filología,* núm. 3 (anexo), 1991a, págs. 155-168.

— «La travesía poética de Jorge Urrutia», en *Proyección y contraproyecto en la poesía española contemporánea,* Universitat de les Illes Balears, 1991.

— «Viajero en su palabra», *Zenda libros.com,* 26 de febrero de 2024.

BASANTA, Ángel, [1991b], 2011: *«De una edad tal vez nunca vivida», El cultural,* 28 de enero; disponible en: <https://elcultural.com/De-una-edad-tal-vez-nunca-vivida>.

BARRIOS, Aníbal C., «Interpretación del ámbito», en *Informaciones,* 2 de febrero de 1980.

BENAVIDES, M., QUIROGA CLÉRIGO, M. y MOLINA, César Antonio, *El curso literario español (septiembre de 1977-junio de 1978),* Barcelona, Víctor Pozanco, col. Ámbito literario, 1978.

BLESA, Túa, «Gestos de consagración», *ABC Cultural,* 29 de septiembre, pág. 18.

BRIZUELA, Mabel, «Escritura y viaje: *El mar o la impostura* de Jorge Urrutia», en Mabel Brizuela y María Amelia Hernández (eds.), 2008, págs. 143-159.

BRIZUELA, Mabel y HERNÁNDEZ, María Amelia (eds.), *El regreso de Ulises. El mito en la literatura española* actual, Facultad de Filosofía y Humanidades, Universidad Nacional de Córdoba, Argentina, 2008.

CAHILL, Paul H., *De(con)structive Devices: Post-Structuralism and Post-Marxism in Spanish Poetry, 1968-1972,* Tesis doctoral, University of California-Irvine, 2008.

— «El otoño del paradigma: *La fuente como un pájaro escondido* de Jorge Urrutia», en Francisco Estévez e Isabel Román Gutiérrez (eds.), 2011, págs. 59-86.

CAMOZZI, Rolando, «Jorge Urrutia, *El grado fiero de la escritura», La estafeta literaria,* núm. 620, 15 de septiembre de 1977, págs. 29-30.

DÍAZ DE CASTRO, Francisco, *«El mar o la impostura», El Cultural,* 17 de febrero de 2005; disponible en: <https://elcultural.com/El-mar-o-la-impostura>.

— «En torno a la poesía de Jorge Urrutia», en Francisco Estévez e Isabel Román Gutiérrez (eds.), 2011, págs. 29-37.

DIEGO, Gerardo, «Jorge Urrutia *(Lágrimas saladas y Amor canto el primero),* en Francisco Estévez e Isabel Román Gutiérrez, 2011, págs. 39-42.

DÍEZ DE REVENGA, Francisco Javier, «Jorge Urrutia: tiempo y vida en *Cabeza de lobo para un pasavante»,* en Francisco Estévez e Isabel Román Gutiérrez (eds.), 2011, págs. 201-208.

117

— «Jorge Urrutia en su mundo», en *Poetas españoles del siglo XXI,* Barcelona, Calambur, 2015, págs. 49-54.

DONCEL, Diego, «Envejecer ante las palabras», *ABC Cultural,* 2 de septiembre de 2023.

ESTÉVEZ, Francisco, *Poetas por sí mismos,* Madrid, Biblioteca Nueva, 2007.

— *«De una edad tal vez nunca vivida»,* Los Lunes de El Imparcial, 22 de junio de 2010; disponible en: <https://www.elimparcial.es/noticia/65864/los-lunes-de-el-imparcial/jorge-urrutia:-deuna-edad-tal-vez-nunca-vivida.html>.

— «Epílogo. Jorge Urrutia visto por sí mismo desde sus inicios hasta *Ocupación de la ciudad prohibida*», en Francisco Estévez e Isabel Román Gutiérrez (eds.), 2011, págs. 257-282.

ESTÉVEZ, Francisco y ROMÁN GUTIÉRREZ, Isabel (eds.), *El mar de la palabra. La poesía de Jorge Urrutia,* Madrid, Biblioteca Nueva, 2011.

ESTOFÁN, Cristina, «Resonancias y asociaciones: *La Travesía* de Jorge Urrutia», en Mabel Brizuela y María Amelia Hernández (eds.), 2008, págs. 133-142.

FELIPE, Benigno León, *Antología del poema en prosa español,* Madrid, Biblioteca Nueva, 2005.

— «Jorge Urrutia y el poema en prosa en *La travesía»,* en Francisco Estévez e Isabel Román Gutiérrez (eds.), 2011, págs. 169-181.

FERNÁNDEZ VÁZQUEZ, José María, «Los libros iniciales de Jorge Urrutia», en Francisco Estévez e Isabel Román Gutiérrez (eds.), 2011, págs. 43-58.

GARCÍA, José Enrique: «Jorge Urrutia o la palabra que crece», en Jorge Urrutia, *Presente continuo,* Santo Domingo (Rep. Dominicana), Editora Nacional, 2018.

— «Prólogo», en Jorge Urrutia, *De la naturaleza de las cosas (más o menos una antología),* Valladolid, Fundación Jorge Guillén, 2023, págs. 7-13.

GARCÍA JAMBRINA, Luis «Lo que importa es el viaje», *ABC Cultural,* 15 de enero de 2005, pág. 16.

GARCÍA SÁNCHEZ, Encarnación, «Jorge Urrutia visto en el 2004 por Encarna Sánchez», Conferencia en la Università degli Studi di Napoli L'Orientale, 19 de enero de 2004, en: https://www: cervantes.es (centro de Nápoles, biblioteca, autores).

Gómez Canseco, Luis, «*Del estado, evolución y permanencia del ánimo:* Entre el lenguaje y el mundo», en Francisco Estévez e Isabel Román Gutiérrez (eds.), 2011, págs. 113-132.

— «La memoria en palabras», *Ínsula,* núm. 779, 2011, págs. 33-35.

Jurado Morales, José, «Jorge Urrutia: el padre condenado que se enamoró con agua del Regüé», en *Soldados y padres. De guerra, memoria y poesía,* Sevilla, Fundación José Manuel Lara, 2021.

Lanz, Juan José, «Porque el «canto llega tarde y ya olvidado»: *El mar o la impostura,* de Jorge Urrutia», en Francisco Estévez e Isabel Román Gutiérrez (eds.), 2021, págs. 221-235.

Marcos Marín, Francisco, «Apóstrofe y anáfora recursos constructores de *La travesía»,* en Francisco Estévez e Isabel Román Gutiérrez (eds.), 2011, págs. 151-165.

— «Jorge Urrutia: *Ocupación de la ciudad prohibida», Los lunes de El Imparcial,* 8 de mayo de 2011; disponible en: <https://www.elimparcial.es/noticia/83724/los-lunes-de-el-imparcial/jorge-urrutia:-ocupacion-de-la-ciudad-prohibida.html>.

Martín Pardo, Enrique, *Antología de la joven poesía española,* Madrid, Pájaro Cascabel, 1967.

Martínez, Florencio, *«La travesía», ABC literario,* 20 febrero de 1988, pág. 58.

Morales Barba, Rafael, «La elegía como hipograma en la poesía de Jorge Urrutia», *Lingue e linguaggi,* vol. 8, Università de Salento, 2012.

Murciano, Carlos, «Correo poético español», *Poesía de Venezuela,* núm. 100, noviembre-diciembre de 1979, pág. 4.

Pozuelo Yvancos, José María, «Naufragio del verbo en la poesía. Sobre *El grado fiero de la escritura»,* en Francisco Estévez e Isabel Román Gutiérrez (eds.), 2011, págs. 99-111.

— *Poética de poeta: teoría, crítica y poesía,* Madrid, biblioteca Nueva, 2011.

Prada, Juan Manuel de, «*De una edad tal vez nunca vivida», XL Semanal, Suplemento del Diario ABC,* 27 de junio, pág. 10.

Prieto de Paula, Ángel L., *Musa del 68*, Madrid, Hiperión, 1996.

Profeti, Maria Grazia, «Una escritura y una lectura desconocida», (A propósito de *Una pronunciación desconocida),* en Francisco Estévez e Isabel Román Gutiérrez (eds.), 2011, págs. 209-220.

Román Gutiérrez, Isabel, «Jorge Urrutia: "Himno"», en Peter Fröhlicher y otros (eds.), *Cien años de poesía. 72 poemas españoles del siglo XX: estructuras poéticas y pautas críticas,* Berna, Peter Lang, 2001, págs. 615-629.

— «Presentación», en Francisco Estévez e Isabel Román Gutiérrez (eds.), 2011, págs. 11-18.

Ruta, Maria Caterina, «Jorge Urrutia, poeta», conferencia pronunciada en la Università di Palermo, 20 de enero de 2004, en: https://www.cervantes.es (centro de Nápoles, biblioteca, autores).

— «Urrutia, Marzal e altri», en *Novecento ispanico,* Palermo, Sellerio, 2005, págs. 131-158.

— «Los límites de la poesía en *Delimitaciones*», en Francisco Estévez e Isabel Román Gutiérrez (eds.), 2011, págs. 133-149.

— «Jorge Urrutia, *Será presente lo que ya es pasado*», *Cuadernos AISPI,* núm. 13, 2019, págs. 223-226.

Sánchez García, Encarnación, «Seis poetas españoles de hoy: A. Luque, J. Urrutia, A. Rossetti, J. Margarit, A. Colinas, A. Iglesias», en *Annali dell'Università degli studi di Napoli 'L'Orientale'* XLVIII, 1, 2006, págs. 19-68.

Santos, Dámaso, «Jorge Urrutia, más allá del «grado fiero» de la escritura», *Pueblo,* 17 de mayo de 1980, pág. 29.

Sanz, Marta, *Metalingüísticos y sentimentales. Antología de la poesía española (1966-2000),* Madrid, Biblioteca Nueva, 2007.

Sanz Villanueva, Santos, *Historia de la literatura española. 6/2. El siglo XX. Literatura actual,* Barcelona, Ariel, 1985.

Senabre, Ricardo, «Leyendo *El grado fiero de la escritura*», en Francisco Estévez e Isabel Román Gutiérrez (eds.), 2011, págs. 87-97.

Torres Nebrera, Gregorio, «*Construcción de la realidad.* Lectura o (des)propósito», en Francisco Estévez e Isabel Román Gutiérrez (eds.), 2011, págs. 183-194.

Trillo Huertas, Juan Ignacio, *La herida de Leopoldo de Luis en el paraíso del Sur,* Cádiz, Servicio de Publicaciones de la Diputación de Cádiz, 2021.

Triviño Anzola, Consuelo, «Jorge Urrutia: saber es conocer», en Jorge Urrutia, *Será presente lo que ya es pasado (Antología 1966-2016),* Madrid, Salto de Página, 2016, págs. 7-19.

Urrutia, Jorge, «Poética en la crisis de la modernidad (notas personales sobre los poetas del 68)», *Celacanto. Revista de literatura,* núms. 1 y 2, Huelva, 1985.

— «Nota del autor», en *Construcción de la realidad,* Sevilla, Alfar, 1989, pág. 15.

— «Hoy es antes todavía», en Francisco Estévez, 2007, páginas 209-217.

— «Dos o tres cosas que sé de él», en AA. VV., *Leopoldo de Luis poeta en un tiempo sombrío,* Madrid, Instituto Cervantes, 2018.

— «La significación de Jimena o mi Macondo particular», en Juan Ignacio Trillo Huertas, 2021, págs. 21-27.

VALBUENA PRAT, Ángel, *Historia de la literatura española,* tomo VI. Época contemporánea, 9.ª ed. ampliada y corregida por María del Pilar Palomo, Barcelona, Editorial Gustavo Gili, S. A., 1983.

VÁZQUEZ MEDEL, Manuel Ángel, «Introducción», en Jorge Urrutia, *Construcción de la realidad,* 1989.

— «(Re)construcción de la realidad: la poesía última de Jorge Urrutia», en Francisco Estévez e Isabel Román Gutiérrez (eds.), 2011, págs. 237-255.

OTRA BIBLIOGRAFÍA CONSULTADA

AA. VV., *Leopoldo de Luis. Poeta de un tiempo sombrío,* Madrid, Instituto Cervantes, 2018.

ALBERCA, Manuel, *El pacto ambiguo. De la novela autobiográfica a la autoficción,* Madrid, Biblioteca Nueva, 2007.

— «Autoficción de un gozador de placeres efímeros», *Olivar,* núm. 12, 2009, págs. 199-216.

BACHELARD, Gaston (1942), *L'eau et les rêves. Essai sur l'imagination de la matière,* París, José Corti, 1994.

BAL, Mieke, *Teoría de la narrativa: Una introducción a la narratología,* Madrid, Cátedra, 1990.

BLANCO, Sergio, *Autobiografía. Una ingeniería del yo,* Madrid, Punto de vista editores, 2018.

CUASANTE FERNÁNDEZ, Elena, «Aproximaciones críticas a los escritos en primera persona», *Lingüística y literatura,* núm. 64, 2013, págs. 163-178.

DOUBROUSKY, Serge, *Fils,* París, editions Galilée, 1977.

ERNAUX, Annie, *Écrire la vie,* París, Gallimard, 2011.

Fernández Prieto, Cecilia, «Intimidad y relato de Infancia», *Signa,* núm. 19, 2020, págs. 81-101.

Figueroa Carle, José Gabriel, «Que enloquezcan mis personajes, no yo: Instancias de autoficción en la obra de Andrés Caicedo», *Catedral Tomada: Revista literaria latinoamericana,* núms. 3-5, 2015, págs. 65-95.

Genette, Gérard, *Palimpsestos: la literatura en segundo grado,* Madrid, Taurus, 1989.

Gómez Trueba, Teresa, «"Esa bestia omnívora que es el yo": el uso de la autoficción en la obra narrativa de Javier Cercas», *Bulletin of Spanish Studies,* 86, 1, 2009, págs. 67-83.

— «La incorporación de fotografías en la novela española del siglo XXI: más allá del libro ilustrado», *Pasavento,* vol. V, núm. 1, 2017, págs. 83-98.

Jiménez Jiménez, Francisco, *Recuerdos de mi infancia y juventud. Jimena de la Frontera (1950-1970),* Jimena de la Frontera, Editorial Regueira, 2009.

Kalenić Ramšak, Branca, «Los límites de la ficcionalidad: ejemplos de autoficción en la narrativa española actual», *Colindancias,* núm. 4, 2013, págs. 111-124.

Kertész, Imre, *Sin destino,* Barcelona, Acantilado, 2001.

Luis, Leopoldo de, «La juventud de 1936», *El País,* 17 de julio de 1986.

— *Será sencillamente,* ed. de Jorge Urrutia, Ávila, Excelentísimo Ayuntamiento, 2003.

Luppi, Juan Pablo, «"La nada del yo que soy". Desestabilizaciones de la autobiografía en la teoría literaria hacia fines de los 70», *Enfoques,* XXII, 1, 2010, págs. 5-14.

Moreno Barranco, Leopoldo y Bolufer Vicioso, Andrés, *Iglesias y conventos de Jimena de la Frontera desde finales del siglo XV a la clandestinidad,* Alcalá del Valle (Cádiz), La Serranía, 2021.

Regueira Ramos, José, Regueira Mauris, Esther y Mena Torre, María Ángeles, *Jimena y su castillo,* Cádiz, Alba Editorial, 1988.

— *Las Reales Fábricas de Artillería de Carlos III en Jimena de la Frontera,* Algeciras, Instituto de Estudios Campogibraltareños.

— *Los hermanos Regueira entre Galicia y Andalucía,* A Coruña, Grupo Regueira, 2024.

Richard, Jean-Pierre, *Littérature et sensation,* París, Seuil, 1954.

— *Poésie et profondeur,* París, Seuil, 1955.

— *Onze études sur la poésie moderne,* París, Seuil, 1964.

Tadié, Jean-Yves, *Le récit poétique,* París, PUF, 1978.

Toro, Vera, *«Soy simultáneo»: el concepto poetológico de la auto-ficción en la narrativa hispánica,* Madrid, Iberoamericana/Vervuet, 2017.

Umbral, Francisco, *La noche que llegué al Café Gijón,* Barcelona, Destino, 1977.

Urrutia, Jorge, «Sobre la práctica prosística de Juan Ramón Jiménez y sobre el género de *Platero y yo»,* en *Cuadernos hispanoamericanos,* núms. 376-378, 1981, págs. 716-729.

— *Hallar la búsqueda (la construcción del simbolismo español),* Nueva York-Valladolid, CUNY-Universidad de Valladolid, 2013a.

— «Palabras para un libro que no tenía título», en Leopoldo de Luis, *Respirar por la herida,* Valladolid, Fundación Jorge Guillén, 2013b.

Vara Ferrero, Natalia, «Lecciones del «yo»: autobiografía, ficción y sujeto ético en Marta Sanz», *RECIAL,* vol. 8, núm. 11, 2017.

De una edad tal vez nunca vivida

El autor a los tres años, sentado en el bordillo de la acera
del Palacio de Comunicaciones de Madrid.

... en ese mundo de pobreza y de luz en el que viví tanto tiempo y cuyo recuerdo me ampara aún de los dos peligros contrarios que amenazan a todo artista, el resentimiento y el contento[1].

ALBERT CAMUS

---

[1] Cita tomada del primer libro publicado por Albert Camus, *El revés y el derecho,* de 1937, un testimonio de la infancia del autor en su Argelia natal, mundo de pobreza y de luz que curiosamente marcaría de manera temprana su vida y su pensamiento.

Respirar por la herida[2]

El tiempo lo admite todo, disimula y lima las aristas. El tiempo lo llega a borrar todo, grisalla[3] los contornos y desdibuja los bultos. El tiempo lo transforma todo, hace que parezcan mejores los hechos, asimpatiza[4], mitifica.

Por eso nuestra mirada debe carecer de piedad, ser un escarpelo capaz de descubrir lo sucedido y mantener abiertas nuestras propias heridas para que no sanen. Sanar es una cobardía. Las cicatrices aumentan el odio. Una herida permite, simplemente, que la vida permanezca viva.

Mi madre hacía las astillas con un hacha en el borde de la acera. Más tarde, echaba una firma en la ceniza del brasero[5] y nos salían cabritillas[6] en las piernas. Mi padre tra-

---

[2] «Respirar por la herida» es una expresión coloquial que significa razonar o actuar a partir del daño sufrido. Es expresión que Leopoldo de Luis, padre del autor, utilizaba con frecuencia para definir la poesía. Jorge Urrutia recogió un libro póstumo de Leopoldo de Luis que bajo ese título lo publicó la Fundación Jorge Guillén de Valladolid en 2013.

[3] 'Grisalla': según el *DLE,* es un sustantivo que designa a una pintura realizada con diferentes tonos de gris. Urrutia crea desde el sustantivo un verbo con el sentido de 'difuminar'.

[4] El término 'asimpatizar', hacer o hacerse simpático, no figura en el diccionario de la RAE, aunque se encuentra esporádicamente, sobre todo, en Hispanoamérica.

[5] 'Echar una firma': remover la ceniza en el brasero para avivar el fuego y el calor.

[6] 'Cabritillas': manchas rojas en la piel que produce la proximidad del calor.

bajaba en dos oficinas y, luego, a la luz de un quinqué de petróleo, escribía poemas y comprobaba que yo hacía los deberes. Un día a la semana comíamos cocido y un día al mes leíamos una carta que llegaba desde el penal de Burgos[7].

Los domingos por la tarde mi padre iba al café[8] a charlar con los amigos que podían haber sido antes enemigos, pues las guerras traen eso y también lo demás. Como Paul Éluard[9], conversaba con su Marx Ernst[10] y todos pintaban el mundo de colores, aunque no muy brillantes.

Sé que algunas veces se encontraban algunos camaradas[11].

Medía con una cinta marrón la longitud de las galeradas[12] y, después de comer, fumaba un cigarrillo que mi madre le compraba a la cerillera[13] del portal.

Compartíamos un mismo aire, así, mis padres y yo, con los libros y la costura, con los juguetes y con Cervantes,

---

[7] Prisión adonde fueron muchos presos políticos del franquismo y donde sufrió condena José Luis Gallego (1913-1980), tío político del autor, hasta 1960. El capítulo «Carta de Navidad» de este libro se refiere a una de estas cartas.

[8] Se refiere al Café Gijón, de Madrid, en el Paseo de Recoletos, que fue lugar de encuentro de escritores y artistas. Francisco Umbral tiene precisamente un libro titulado *El día que llegué al Café Gijón* donde da cuenta de la atmósfera del establecimiento.

[9] Poeta francés traducido por Jorge Urrutia, lo que lo hizo merecedor del Premio Nacional de la Traducción 1973 en España *(Poemas,* Barcelona, Plaza y Janés, 1972).

[10] Pintor surrealista alemán. En el prólogo a la antología antes citada, Jorge Urrutia afirma: «Luego escribiría el propio Éluard: "el artillero Max Ernst bombardeaba las trincheras donde yo, soldado francés de infantería, hacía guardia. Tres años después, éramos los mejores amigos del mundo y luchábamos juntos, desde entonces, por la misma causa, la de la emancipación total del hombre"».

[11] 'Camaradas' es un término con el que se designa a los compañeros de acción política.

[12] 'Galerada': prueba de composición de imprenta.

[13] 'Cerillera': vendedora callejera de tabaco y cerillas; a veces se refugiaban en un portal.

Manrique, Blas de Otero, Aleixandre, Garciasol[14] que pasaba por allí, el recuerdo y la letra de José Luis[15], el cuaderno de notas del colegio, el Guadalquivir y Góngora, el paquete con comida forrado de tela que llegaba del pueblo de mi madre, una libra de tabaco de Gibraltar[16], Molière[17], *Jeannot et Jeannette*[18]...

Era la sonrisa triste de una casa de vencidos, de una casa de convencimientos y deseos, de una casa de amor frente a una acuarela de Ramón Gaya[19], pero eso lo he escrito ya en otro sitio y vendrá luego.

Cantaba las preposiciones y los plurales irregulares franceses en *ou*[20]. «Papá, ¿quiénes son los rojos?». Y el padre, mirando la portada de un *ABC* llena por la foto de unos militares, contestó: «Los alemanes del Este, niño, los alemanes del Este»[21].

---

[14] Se refiere a Miguel Alonso Calvo, poeta de posguerra que firmaba «Ramón de Garciasol». Manrique es el poeta medieval Jorge Manrique; Blas de Otero, célebre poeta de posguerra; Aleixandre, se refiere al premio nobel de la generación del 27.

[15] Se refiere a José Luis Gallego.

[16] En Gibraltar se empaquetaba tabaco que se vendía de contrabando en España. La familia de Jorge Urrutia, que vivía en el Campo de Gibraltar, le enviaba periódicamente paquetes de tabaco de liar a Leopoldo de Luis.

[17] Jean-Baptiste Poquelin (1622-1673), el célebre dramaturgo francés que firmaba como Molière.

[18] *Jeannot et Jeannette* es el libro francés de lectura del curso elemental (París, Librairie Hachette, editado por primera vez en 1924) de K. Seguin, con ilustraciones de F. Raffin, que siguió Jorge Urrutia en el Liceo Francés de Madrid.

[19] Pintor de la generación del 27. En casa del padre de Jorge Urrutia había una obra de este artista; el capítulo «Recuerdos de la barca y el bosque» se refiere a ello.

[20] Muestra del aprendizaje bilingüe seguido por el autor; repite la lista de las preposiciones españolas y de las palabras francesas terminadas en *-ou*, que forman el plural irregular con: *bijou, caillou, chou, genou, hibou, joujou* y *pou*.

[21] Antes de la caída del muro de Berlín, Alemania estaba dividida en dos. La parte del este era la República Democrática Alemana, en la órbita de la Unión Soviética.

Stavroguin[22] decide confesarse por escrito con el obispo. Cuando le da el cuaderno, arranca dos hojas. «¿Por qué te molestaste en escribir la confesión si luego le quitas dos páginas?», pregunta el confesor. Y el personaje de *Los demonios,* de Dostoyevski, responde: «No sé aún si es usted digno de leerlas»[23]. Yo también pude haber escrito más cosas.

[22] Stavroguin, personaje principal de la novela *Los demonios,* de Dostoyevski, publicada en 1872.

[23] Las traducciones españolas del libro de Dostoyevski, como la de Cansinos Assens suprimen este episodio, que probablemente Urrutia leyó en una traducción francesa. En una de estas, cuando el obispo echa de menos unas hojas, leemos: «—Vous l'aurez plus tard, quand vous le mériterez, ajouta Stavroguine avec un geste de familiarité factice».

El agua originaria

(ocho fragmentos de la historia nunca escrita)

Torreón árabe del castillo de Jimena de la Frontera.

Era de esa clase de hombres,
frecuente entre escritores.

CÉSAR AIRA[24]

---

[24] Frase tomada de la novela de César Aira *Parménides* (Barcelona, Mondadori, 2006).

Leopoldo de Luis contó en cierta ocasión que, al terminar la guerra civil, y tras pasar por diversas situaciones carcelarias como oficial del ejército derrotado de la República española:

Me forman el Consejo de Guerra en Aranjuez y me condenan al batallón de trabajadores. Tengo que esperar que me asignen campo y, mientras, me voy a Córdoba porque mi padre, mi madre y mi hermana se habían ido a vivir a Córdoba a casa del catedrático del Literatura del Instituto, Vicente Orti, amigo de mi padre[25]. [...] Un día fue la Guardia Civil, caminamos a la estación, [más tarde] nos metieron en un vagón de ganado (sin ganado, el ganado éramos nosotros) y llegamos hasta Jimena de la Frontera. Cuando llegamos a Jimena, bajamos del vagón, nos formaron en el llano que hay junto a la estación y es cuando conocí a la que sería mi mujer, porque me trajo un poco de agua[26].

---

[25] Se refiere a Vicente Orti Belmonte (1888-1984), cuya casa se situaba en la calle del Reloj, próxima a la casa donde había nacido Leopoldo de Luis.
[26] Testimonio recogido en «Conversación con Leopoldo de Luis», por Elsa y Jorge Urrutia, en *Leopoldo de Luis: Será sencillamente*, Ávila, Excelentísimo Ayuntamiento, 2001.

1

¿Quién con piedad al andaluz no mira / y quién al andaluz su favor niega? Le vinieron de nuevo a la memoria esos versos de Góngora[27], tumbado en el andén de la estación, la sombra que restaura mientras el cansancio adormece los músculos, perdida el hambre ya por las naranjas que brillaron amargas al borde de la vía[28]. La fuerza del alambre hace siameses a los hombres, hermanos de muñecas[29].

---

[27] Versos del soneto de Luis de Góngora «A las damas de la Corte, pidiéndoles favor para los galanes andaluces» cuya primera estrofa es: *Hermosas Damas, si la pasión ciega / no os arma de desdén, no os arma de ira, / ¿quién con piedad al andaluz no mira, / y quién al andaluz su favor niega?* Véase la edición de los *Sonetos,* preparada por Biruté Ciplijauskaité, Madison (WI), Hispanic Seminary of Medieval Studies, 1981, aunque la edición que normalmente manejó Urrutia fue la de *Obras completas,* preparada por Juan e Isabel Millé y Giménez (Madrid, Aguilar, 1961), de la que posee un ejemplar comprado el 2 de enero de 1967, durante sus estudios universitarios.

[28] Alusión al poema de Leopoldo de Luis «Mordí una naranja amarga», perteneciente al libro *Con los cinco sentidos* (Zaragoza, Javalambre, 1970) donde encontramos versos como: «Morder una naranja amarga deja / una huella que el tiempo no disuelve. / Con el sabor de la naranja amarga / en los huertos del Sur la guerra inscribe / su derrotada humillación, jalona / su acorralada estela [...] / Los vencidos / aquí se van tragando gajo a gajo / su naranja o su pena / mientras transportan piedras o reponen / la pista militar, mientras perforan / unas montañas o levantan muros».

[29] Los prisioneros iban amarrados de dos en dos con alambre.

Góngora en la cabeza también a la partida de un vagón de madera renqueante. A lo lejos veía los perfiles de Medina-Azahara[30]. Un pañuelito blanco aún en el bolsillo, Vete bien vestido, hijo, nunca se sabe, Mamá qué cosas tienes, Hemos sufrido tanto, No puedo estar peor de lo que estuve. Escribe cuando puedas.

Seis meses fueron de hábito fingido. Creció sin duda amor por aquella ciudad que nunca recordara y todo más humano pareció que nacía. Creóse una madeja, una fuerza de clan, aunque la madre...

¿De qué sirve pensar lo que pudo haber sido? ¿Qué son sueños si en sueños permanecen censados? Esta placeta trajo de nuevo un olor a familia, un perfume de hábito, el incienso fecundo de la normalidad. Si olvido, «*nunca merezcan mis ausentes ojos / ver tu muro, tus torres y tu río, / tu llano y sierra, oh patria, oh flor de España*»[31].

---

[30] Medina-Azahara: antigua ciudad árabe de la que se conservan las ruinas a las afueras de Córdoba.

[31] Soneto de Luis de Góngora «A Córdoba». Véase la edición de los *Sonetos,* preparada por Biruté, Ciplijauskaité, Madison, 1981.

2

Y se sabe forzado en ese duro banco[32]. Busca para asirse un remo y pierde la mirada recordando la rima gongorina de «mis ausentes ojos». Repitió ante el espejo el verso al ajustarse el pañuelito blanco, *nunca merezcan mis ausentes ojos,* su figura de barro pálida y melancólica apenas si libraba una sonrisa triste. *Siente aquellas ruinas y despojos...*[33]. Él era una ruina, resto de casquería frente al guardia civil de la custodia. Un ruido decrépito de mecánica vieja, desgastada y enferma, oscurece la escena.

—¿Qué has dicho hace un momento de favor andaluz?

—Que si le negaría el favor de un cigarro a un joven andaluz.

—Yo soy de Ubrique[34], el cabo viene de Marchenilla[35], pero nadie diría que tú fueses del sur.

---

[32] Eco del famoso poema de Góngora «Amarrado al duro banco / de una galera turquesca / ambas manos en el remo...».

[33] El primer verso del primer terceto del soneto «A Córdoba», de Góngora, es en realidad: *Si entre aquellas ruinas y despojos.* La cita anterior es el primer verso del segundo terceto. La mayoría de los poemas citados de Góngora figuran en la antología preparada por Manuel Altolaguirre: *Poesía de Góngora,* México, 1943, que Jorge Urrutia adquirió en la capital mexicana, de lo que se podría inferir que estos capítulos fueron escritos en esa ciudad.

[34] Pueblo de la provincia de Cádiz.

[35] Pedanía de Jimena de la Frontera, pueblo gaditano en el que se sitúan muchas de las páginas de este libro.

—Me marché hace ya tiempo, pero he nacido en Córdoba.

—Toma el cigarro. Espera, te lo enciendo yo mismo.

—*Hierbas aplica a sus llagas / que, si no sanan entonces / en virtud de tales manos, / lisonjean los dolores*[36].

—¿Qué es eso?

—Un cantar, señor guardia.

—En Ubrique también cantamos muchas veces. Mi madre...

El traqueteo se hizo más suave[37]. Enrojeció el cigarro un poco a los civiles.

---

[36] Se trata del romance de Góngora que comienza: *En un pastoral albergue, / que la guerra entre unos robles / le dejó por escondido / o le perdonó por pobre, / do la paz viste pellico / y conduce entre pastores / ovejas del monte al llano / y cabras del llano al monte, / mal herido y bien curado, / se alberga un dichoso joven, / que sin clavarle amor flecha, / le coronó de favores...* Véase las *Obras Completas,* edición de Juan e Isabel Millé, Madrid, Aguilar, 1961.

[37] Posible eco del final del cuento «La despedida», de Ignacio Aldecoa, que Jorge Urrutia analizó en el *Boletín de la Asociación Europea de Profesores de Español,* núm. 14, marzo de 1976.

3

Es como el ave fénix la sonrisa. Imre Kertész lo recordaba al volver de los campos más agrios[38]. Así fue con el agua que trajo a todos risas, tan sucios y tirados a la sombra del muelle, en la estación aquella.

Dos chicas que llegaban, los silbidos; dos faldas saltarinas, y los gritos; dos hombres contemplados más tranquilos, empujones también, aún atrevidos. Una pregunta llega, ¿Podéis traernos agua? No volverán, donjuanes. Gritan y sonríen —¡Silencio!— también hasta los guardias. Ya vuelven. Una jarra ¡Cuánta suerte! ¿Tu nombre? Mariquita. Leopoldo. El minuto fugaz de la aguadora.

En el cristal de tu divina mano / de Amor bebí el dulcísimo veneno, / néctar ardiente que me abrasa el seno / y templar con la ausencia pensé en vano[39]. No importa el tiempo, se bebió de tu mano, Mariquita[40]. Una luz penetró por el cuerpo, descendió hasta la glotis, inundó la epiglotis[41]. Empápanse las cuerdas —las vocales— y no dejan decir más que una cosa.

---

[38] Se refiere a la novela del escritor húngaro Imre Kertész, *Sin destino,* 1975.

[39] Primera estrofa de un soneto amoroso de Góngora.

[40] La madre del autor, María Gómez Sierra, era llamada en su casa con el hipocorístico andaluz Mariquita.

[41] Hace clara alusión al verso del propio Jorge Urrutia: «por devorar las glotis, epiglotis y el sello del cricoides» de *La fuente como un pájaro escondido,* Bilbao, Editorial Vizcaína, 1968.

Nada importa el trabajo, las piedras, la carreta, el camino o la lluvia, las órdenes, los guardias, el campo de trabajo, el recuento, la formación, la corneta, la música militar o los himnos a la fuerza, el dolor de la herida que vuelve cada noche, los sueños de trinchera, todo se borra ya, empapado por ti, por el agua que trajo la jarra de tu mano, que miraron tus ojos.

Es el cristal de tu divina mano, el veneno que calienta la ausencia, el néctar que me abrasará el seno[42]. De tu mirar tranquilo es el amor dulcísimo, es el arpón de oro[43].

---

[42] Hace clara referencia a la primera estrofa del soneto de Góngora cuyo verso primero empieza: «En el cristal de tu divina mano».

[43] El segundo verso del segundo cuarteto del soneto de Góngora: «Es arpón de oro tu mirar sereno».

4

Antonio Macías[44] decía siempre que sí. Mi madre insistía en que yo podría molestarlo, pero Antonio Macías decía siempre que sí, que me llevaba en el mulo hasta el río y la fuente. Yo iba orgulloso en la caballería, las piernas lo más abiertas posible para salvar los cántaros que el aguador llenaría en el manantial.

—Siempre han bebido de esta agua tus abuelos. Treinta años hace que se la traigo.

—¿Y nunca te has olvidado o no has podido traerla, Antonio Macías?

—Niño. El agua del Regüé[45] no puede faltarles a tus abuelos así me estuviera muriendo.

Yo comprendía que el agua del Regüé era muy importante y que no se podía jugar con esas cosas. Mientras el aguador llenaba los cántaros, me bañaba en la charca fría y transparente, rodeada de adelfas.

---

[44] El verdadero nombre del aguador era Francisco Mariscal Sánchez, como ha señalado Juan Ignacio Trillo autor de *La herida de Leopoldo de Luis en el paraíso del sur*. Urrutia inventa un nombre a partir de un apellido muy común en el Campo de Gibraltar.

[45] La fuente del Regüé se sitúa en Jimena de la Frontera, Cádiz, en la margen izquierda del río Hozgarganta, frente al Cao de la Real Fábrica de la Artillería, en la orilla opuesta. Se hace referencia al agua de esta fuente, que María Gómez, madre del autor, podría haberle ofrecido a Leopoldo de Luis a la llegada como prisionero a Jimena.

—Mi padre dice que las adelfas son malignas y solo crecen en aguas podridas.

—¡Pues bien que le gusta a tu padre esta agua, que me lo ha dicho muchas veces! Las adelfas no beben de esta agua, sino de otra, más profunda, que no se atreve a salir, que siempre corre por debajo.

—¿Por debajo corre también agua, Antonio Macías?

—Sí, un agua negra que a veces surge como una cabellera donde menos se espera.

Yo miraba temeroso por los alrededores y luego pugnaba por subirme en el mulo.

—¿Nos vamos ya para el pueblo, Antonio Macías?

—Nos vamos, niño.

Yo no dejaba de mirar por si surgía del suelo la cabellera negra.

5

Es un fruto la guerra de la depravación humana. Es una enfermedad, convulsiva y violenta, del órgano político. La guerra no construye sino el desorden público, se abandonan las tierras y reina la incultura del campo y de la mente. Decía Diderot[46] que con la guerra el hombre se retrotrae en fiera. También Miguel Hernández comprobó cómo el hombre iba acechando al hombre[47]. Se aprende siempre tarde que nuestra sangre acaba por ser sangre enemiga.

Busca la soledad a veces por la tarde y recorre la vieja ruta romana. Bajaba tropezando por detrás del castillo[48] para

---

[46] Denis Diderot (1713-1784) fue corresponsable con D'Alembert de la famosa *Enciclopedia* (1751), y autor de obras como *La religiosa, Jacques el fatalista,* o *El sobrino de Rameau.*

[47] Tema que motiva su poemario *El hombre acecha,* escrito entre 1938 y 1939, y que se mantuvo inédito hasta que, en 1981, Leopoldo de Luis y Jorge Urrutia hicieron para la Diputación Provincial de Cantabria una edición facsímil sobre las capillas del libro que quedó sin imprimir en 1939, y que se guardaban en la biblioteca de José María de Cossío. Leopoldo de Luis y Jorge Urrutia se encargaron también de la edición crítica en la colección Letras Hispánicas de la editorial Cátedra.

[48] En la colina de Jimena de la Frontera se levantaron fortificaciones desde la época romana. El perfil característico del pueblo responde a un castillo de época árabe de finales del siglo XIII, edificado para proteger entonces la frontera. Existía una base romana. A lo largo de la historia, el emplazamiento fue escenario de enfrentamientos, incluso hasta 1811, durante la guerra de Independencia, cuando fue reforzado.

sentarse luego junto al baño de la princesa mora. Nunca reposó allí un blanco cuerpo bello, que solo era pudridero el hueco antropomorfo. La paz no deja vida, sino muerte colgada sobre nuestras cabezas. Bordeaba después el cerro San Cristóbal y buscaba, me dicen, el valle de Chinchilla[49]. Perdido lo creíamos cuando lento ascendía hasta la cueva estrecha[50] y se sentaba arriba a contemplar el río.

Apeóse el Caballero / la víspera de San Juan / al pie de una peña fría, / que es madre de perlas ya, / tan liberal, aunque dura, / que al más fatigado más / le sirve en fuente de plata / desatado su cristal[51]. ¿Bajaba luego a la fuente? Desmontaba de su sueño y buscaba las perlas en el cristal tan frío? ¿Las encontraba en Góngora?

Anochecido volvía y me hablaba de barcos en el monte, de ciervos que corrían por la roca y de tiempos remotos en que el agua hasta el cielo llegaba torneando las piedras.

---

[49] Topónimo del entorno de Jimena de la Frontera donde hay un abrigo prehistórico en el que se representa un cazador con arco y un ciervo en tonos ocre. Se decía que unos enterramientos próximos al castillo eran el baño de una princesa mora.

[50] Referencia a los abrigos y cuevas con pinturas rupestres del entorno de Jimena de la Frontera. Uwe y Uta Topper, en *Arte rupestre en la provincia de Cádiz* (Diputación Provincial de Cádiz, 1988), describen, según se verá luego, la cueva de Chinchilla como «un abrigo de forma regular, pero tan pequeña que no admite más de dos personas a la vez».

[51] Primeros versos del romance núm. 62 de Góngora en la edición de Juan e Isabel Millé Giménez, Madrid, Aguilar, 1961.

6

Llueve en esta ciudad americana como en Jimena hace sol[52]. Salgo de la cancillería, frente al teatro Colón. Una placa de mármol habla de Bolívar[53]. Cruzo la calle. La iglesia de la Compañía[54]. Los paraguas se cierran. Hay mujeres en fila con botellas. Vigilan de lo alto todos los santos frailes con sus hábitos negros. San Ignacio de Loyola, brazo en alto. San Francisco Javier, brazo al frente. San Francisco de Borja, palma abierta. San Pedro Claver, esclavo de los negros para siempre. San Juan del Castillo, con las cuerdas que lo ataron a los caballos descuartizadores. San Roque González de Santa Cruz, el fundador de ciudades. Más pequeño, modesto en su rincón, el padre Cipriano Barce, con cicatrices sobre ambas cejas[55].

---

[52] Se trata de Bogotá, capital de Colombia, ciudad visitada por el autor en distintos momentos. Como es sabido, su clima depende de los 2700 metros de altura en que se encuentra, por lo que son frecuentes las bajas temperaturas, especialmente, cuando se pone el sol, y las temporadas lluviosas en invierno.

[53] Se refiere a la placa que conmemora la huida de Bolívar por una ventana, en 1828, escapando de unos conspiradores, que está fijada en el muro frente al teatro Colón.

[54] Este templo del siglo XVIII se encuentra en el barrio de La Candelaria, en el centro histórico de la ciudad. Una costumbre popular atribuye propiedades curativas al agua que se puede comprar a la entrada del templo.

[55] Todos los santos nombrados son padres de la Compañía de Jesús y tienen una representación escultórica en este templo con los rasgos o símbolos que los caracterizan.

El agua es de san Ignacio y las mujeres entregan una limosna estipulada. Milagrosa, sin duda, el agua o la limosna. Alivia a los enfermos. Calma a los menesterosos. Fortifica a los débiles. Anima a los desanimados. Alegra a los tristes. Encanta a los aburridos. Recupera a los cansados. Entusiasma a los tímidos.

—¿El agua es de alguna fuente?

—No señor, es de la general, pero los padres bendicen el depósito.

¡Santos padres que infunden capacidades insospechadas al circuito de las cañerías, que aprecian la santidad del plomo y las virtudes del hierro, que instauran la mística del cobre, los valores del cinc!

—¿Tiene usted, señora, algún enfermo en casa?

—Siempre estamos enfermos los humanos.

Cuánta razón hay en la respuesta, cuánta sabiduría y cuánta resignación. Pero no. Resignación no, porque se lleva el agua, está dispuesta a la lucha, a resistir bebiéndola, con decisión y con convencimiento. Con decisión Bolívar se encaminaba a Cúcuta y con convencimiento ordenó que todos en español aprendieran. La lengua es como el agua, nos salva del pasado[56].

—Señora, ¿es agua milagrosa?

—No es agua del Regüé, señor, pero no es enfermiza[57].

---

[56] Simón Bolívar promulgó un decreto sobre la educación, en la ciudad de Cúcuta, el 20 de mayo de 1820, que, en su artículo noveno, implicaba por primera vez la obligación de la enseñanza de la lengua española a los indígenas: «Todos los jóvenes [de los pueblos naturales] mayores de cuatro años y menores de catorce asistirán a las escuelas donde se les enseñarán las primeras letras, la aritmética, los principios de la religión y los derechos y deberes de los hombres y del ciudadano en Colombia conforme a las leyes». Véase *Decretos del libertador 1813-1825,* tomo I, publicado por la Sociedad Bolivariana de Venezuela, Caracas, Imprenta nacional, 1961, págs. 195-196. Se vuelve a ello en el texto «Sinrazones para la lectura».

[57] Por errata, la primera edición lleva una coma después del «no».

La realidad se impone. Huye el sediento del agua contaminada y sabe la mujer que en esta zona de la ciudad, cerca del palacio presidencial, el agua es más segura, sin peligro de infección.

—El agua del Regüé es de Jimena, en España.

—¿El señor la conoce? Claro. Mi papá era de allí y siempre nos hablaba de todas sus virtudes, cada día, perdiendo su mirada en la pared de enfrente.

Viajamos al origen del mundo y buscamos el agua. O al origen de nuestro mundo. Se preguntó el poeta Guillermo, Duque de Aquitania[58], ¿Quién se dejaría morir de sed antes que beber el agua?

[58] Guillermo IX de Aquitania (1071-1126), conde de Poitiers, es considerado el primer poeta en lengua provenzal. Su canción segunda, que empieza «Compaigno, non puosc mudar qu'eo no m'effrei...» (Compañero, no puedo cambiar por la emoción...), dice en la estrofa séptima: «Non i a negu de vos la·m desautrei: / S'om li vedava vi fort permalavei, / Non begues enanz de l'aiga qu'es laisses morir de sei?» (Ninguno de vosotros me negará / si el buen vino le prohibieran por enfermedad / que bebería agua por no morir de sed). *Les chansons de Guillaume IX, duc d'Aquitaine (1071-1127),* editado por Alfred Jeanroy, París, Honoré Champion, 1913.

7

Sigo la peatonal. Busco la librería anticuaria de la calle del Divorcio[59]. En el escaparate, una escultura azteca. El barro trae dolor o misterio. Los dedos se han hecho garras. *El animal que canta: / el animal que puede / llorar y echar raíces, / rememoró sus garras*[60]. Como el poema de Miguel Hernández. Como la reflexión de Diderot. Ha sufrido por el hombre y lleva el pecho desgarrado. Pero también, *negro el cabello, imitador undoso, / de las obscuras aguas de el Leteo, / al viento que le peina proceloso / vuela sin orden, pende sin aseo*[61], pudiera parecernos un duro Polifemo a quien le colgase el hígado del vientre.

Más hubiera querido que me recibiera una imagen de san Martín, como la que se le encargó a Juan Bautista de Tordesillas, en 1603. Hojeo el *Diccionario de artistas que florecieron en Galicia durante los siglos XVI y XVII,* de don Pablo Pérez Constanti[62], y veo que cobró ocho ducados por «una

---

[59] Esta calle se encuentra en el casco antiguo de la ciudad de Bogotá y toma su nombre de la prisión del Divorcio, primera cárcel de mujeres durante el siglo XIX, que estaba situada en ese lugar. Se denomina cárcel del divorcio porque se recluían en ella las «casadas mal avenidas» o «divorciadas».

[60] Son versos del poema «Canción primera», de Miguel Hernández, del libro *El hombre acecha.*

[61] Versos de la *Fábula de Polifemo y Galatea* (estrofa VIII), de Góngora.

[62] Obra publicada en Santiago de Compostela en 1930.

imagen del Señor San Martín con su pobre y capa y caballo, de una vara y quatro dedos de alto». Los santos en Galicia parece que tenían su pobre, como Juan Manuel Montenegro[63]. Aquí, en esta ciudad, no hay santos para tantos pobres.

Otro libro en el estante, al filo de la mano: *Arte rupestre en la provincia de Cádiz,* obra de unos investigadores alemanes que, según leo, han recorrido durante diez años las cuevas y los abrigos entre el río Barbate y la provincia de Málaga. Rebusco en sus páginas. Cueva de Chinchilla, «una gran área del cerro entre el castillo de Jimena y el Río Hozgarganta está tallada y parece haber sido utilizada como fortificación o pueblo en siglos pre-romanos. [...] En la parte superior del risco meridional se encuentra un abrigo de forma regular, pero tan pequeño que no admite más de dos personas a la vez». Describen los autores puntos rojos y negros, un cazador con arco, un ciervo, dos barcos trazados, con su vela y sus remos. «Debajo del ciervo se nota una pintura de otro estilo más grueso, posiblemente representando un arpón»[64]. Los eruditos no explican qué pudieran ser los puntos. Sin duda el agua sobre la que los barcos navegaban hasta ahogar los ciervos espantados.

El viaje es una fuerza que muda el curso de la historia humana. O al menos que lo explica.

---

[63] Personaje de algunas obras de Ramón del Valle-Inclán, como *Romance de lobos.*
[64] El autor cita la obra de Uwe y Uta Topper, publicada por la Diputación de Cádiz en 1988.

8

Volvía de su secreto paseo y cargaba una tristeza de siglos. Con Góngora hubiera dicho *Ni en este monte, este aire, ni este río / corre fiera, vuela ave, pece nada, / de quien con atención no sea escuchada / la triste voz del triste llanto mío*. O volvía de un viaje de siglos. Pero llegaba a la gran mesa de la casa y sonreía *¡Tanto puede mi mal y pudo su dulzura!*[65].

Juntos nos acercábamos a la sopa de picadillo[66] y pedíamos agua para no quemarnos. La abuela exclamaba desde lejos, María, del botijo, no, que es del pozo. Pon agua de la cántara. Esa, gritaba una voz que yo sabía propia, la he traído yo con el mulo de Antonio Macías. Y padre, contemplando como en un ensueño, decía tan bajito que solo yo podía oírlo: «Esa jarra...»[67].

---

[65] Principio y final de un soneto de Góngora.

[66] La sopa de picadillo, típicamente andaluza, lleva entre los fideos, carne de pollo y huevo duro convenientemente picados. También puede llevar un chorrito de vino de Jerez.

[67] La cita en dos partes del soneto gongoriano (el 232 en la edición de Millé y Giménez) es importante. El padre, que pasea por donde existió el campo de concentración donde estuvo internado, ha sido capaz de compensar el dolor del recuerdo con la dulzura de su vida presente, producto del amor. En otras páginas del libro puede apreciarse que, sin embargo, persiste su compromiso.

ME ESCRIBE José Regueira Ramos, cronista oficial de la ciudad de Jimena de la Frontera[68]:

> En primer lugar, una afirmación rotunda: el agua iniciática era del Regüé. No tiene otra explicación el doble y fulminante cumplimiento del primer dogma de la tradición jimenata: *quien bebe agua del Regüé y come piñonate*[69] *se casa en Jimena*. [...] Esta fuente dotada de propiedades mítico-amorosas está en la margen derecha del río Hozgarganta[70], a la altura del inicio del canal de la Real Fábrica de Artillería[71], en un paraje de gran belleza que era el preferi-

[68] José Regueira, farmacéutico del pueblo, era cronista oficial de Jimena de la Frontera, pueblo del llamado Campo de Gibraltar, próximo a la serranía de Ronda y a la bahía de Algeciras. La carta está fechada el 16 de marzo de 2006. Después de la cita el párrafo continúa: «Nada de extraño tiene que fuese paraje idílico de inspiración para un hombre de la sensibilidad de tu padre».

[69] 'Piñonate': dulce típico de Jimena de la Frontera que contiene harina, huevo, aceite, miel, frutos secos y anís.

[70] Río que nace en la Sauceda (Málaga) y desemboca en el río Guadiaro tras un recorrido de 35 kilómetros.

[71] Las Reales Fábricas de Artillería fueron construidas en 1777, durante el reinado de Carlos III, una a la orilla del río Hozgarganta en Jimena de la Frontera y otra —que no llegó a funcionar— a la orilla del río Guadiaro. Fue un intento fallido de la Corona por transformar la economía y la sociedad españolas, para volver a ocupar la posición privilegiada que había tenido en el pasado. La construcción corrió a cargo de José de Gálvez, ministro de Indias desde 1766, perteneciente a una familia de altos cargos políticos y militares, entre ellos un sobrino, Bernardo, virrey de Nueva España y héroe de la independencia de los Estados Unidos:

do de tu padre que, según me afirman, lo recorría diariamente. Situado hoy en el parque natural de Los Alcornocales, [...] en él se encuentran los restos de la real Fábrica[72], su canal de unos 700 metros perfectamente conservado y una serie de molinos que en los años cuarenta estaban todavía en funcionamiento en un tramo del río que (hoz y garganta) circunda por su parte posterior el cerro de San Cristóbal, en el que se asientan pueblo y castillo, y por cuyas inmediaciones transcurría la calzada romana que, según los últimos descubrimientos arqueológicos, conducía a la entrada de Oba[73], que al parecer estaba en la vertiente opuesta al actual pueblo.

Le agradezco el recuerdo y la información.

«esta vinculación con las Indias y la guerra con Gran Bretaña en el escenario americano fueron factores decisivos para la erección de la factoría de Jimena de la Frontera destinada [...] a surtir de munición a las plazas de América». Al cabo de los años, el proyecto fracasó y ya en 1789, reducidas a ruinas, las Reales Fábricas habían sido abandonadas (Véase José Regueira Ramos, *Las Reales Fábricas de Artillería de Carlos III en Jimena de la Frontera,* Algeciras, Instituto de Estudios Campogibraltareños, 2003). En honor de Bernardo de Gálvez, que cuenta con un retrato en el senado de los Estados Unidos, se bautizó en la costa de Texas la ciudad de Galveston.

[72] Se trata de la fábrica de artillería del siglo XVIII mandada construir ya en 1761 y que también cubrió las necesidades del cerco de Gibraltar.

[73] La ciudad fenicia de Oba, luego romana, se situó en lo que hoy es el término municipal de Jimena de la Frontera.

La corriente

Foto familiar en Jimena de la Frontera, primeros años cincuenta. En ella figuran de izquierda a derecha, de pie: María Gómez Sierra, madre de Jorge, Ana Gómez Sierra, Antonio Gómez Sierra, un desconocido y Antonio Meléndez, esposo de Ana. Agachados: Lourdes Meléndez Gómez, Juana Meléndez Gómez, Jorge y Diego Meléndez Gómez. Jorge Urrutia eligió esta foto, precisamente, porque, al estar algo quemada, deja a los personajes poco nítidos. Las otras fotografías del libro se incluyeron también por estar algo borrosas.

[Me lo contaba ella[74]]

Me había dicho ¿Crees que puedes venir a perturbar mi vida? Y recordó la escena aquella noche. Él había contestado Ya lo sabes y lo repitió desde el pozo cuando los sacaron de casa. La joven había gritado y permaneció en silencio la que era madre ahora. Estaba haciendo la cena. Los chicos ponían la mesa y él liaba despacio los cigarros. Sus manos eran de corteza y en el fogón había como una resina resbalosa. Lo subieron al brocal del pozo y ella preguntó por qué. Fue él quien contestó. La misma frase de veinte años antes, cuando apareció en la casa a pedir que se casaran. El camión se llevó a los chicos y el cuerpo, al caer en el agua, fue el eco prolongado de un disparo seco.

---

[74] Con este título entre corchetes, el autor se refiere a hechos de la guerra contados por su madre.

Estar por ser

Cuenta Elías Canetti[75] que se sentía altísimo cuando, de pequeño, lo sentaban en una de esas sillas pensadas para los niños menores. Son raros ya esos asientos que aupaban a los hijos al nivel de la mesa familiar gracias a unas largas patas de madera que prolongaban, dándoles un aspecto casi mágico y paralelo al de tantos personajes infantiles, las tradicionales sillas de nea[76]. En mi casa nunca hubo uno de esos asientos. Mis padres ponían cojines apilados para que me sentara.

Más tarde, siempre tuve que trepar por las patas de las mesas[77], agarrarme al borde del tablero y afirmar mi presencia.

---

[75] Elías Canetti (1905-1994), escritor búlgaro, Premio Nobel de Literatura, autor, entre otros, de varios libros de memorias.

[76] La RAE en su diccionario prefiere las formas 'enea' o 'anea', una planta de la familia de las tifáceas, cuyas largas hojas se emplean para hacer esteras o el asiento de las sillas.

[77] La mesa será un símbolo poético en la obra de Jorge Urrutia para significar el esfuerzo de la creación poética.

Luna de sangre

En Madrid no lo sabíamos y mis padres solo hablaban de ello en voz muy baja. Sobre el castillo permaneció una luna grande de reflejos rojizos. No había cuartos menguantes ni crecientes, los niños aprendían muy pronto que no se debe preguntar y la maestra no explicaba las fases de la luna. Venían los ingleses, sabios o curiosos, a mirar el fenómeno, pero eran cosas de llanitos[78].

Nadie lo comentaba. El alcalde denunciaba a los novios, si en las noches de verano permanecían mucho tiempo en el oscuro callejón de la iglesia. Las madres, en la plaza, se sentaban de espaldas, en los bancos de piedra, desde allí se veía un reflejo lejano perdiéndose en el río.

Mi primo el mayor me despertó una noche y me hizo subir hasta el sobrao[79]. Abrió un ventanuco de madera y me enseñó una luna enorme encima de la torre redonda. Mira —me dijo— está herida, llora. Y me contó una historia de navajas, gitanos y civiles.

Cansado del camino, me refugié hace poco en la casa del médico. Ya ha muerto don Juan Marina[80] que oyera mu-

---

[78] Los habitantes de Gibraltar se denominan familiarmente «llanitos», por estar asentada de la población en el terreno llano al pie de la roca.
[79] 'Sobrao', o 'sobrado' es la parte superior de una casa, normalmente usada como secadero o desván.
[80] Juan Marina fue, efectivamente, médico de Jimena de la Frontera.

chos gritos y secó algunos llantos. Dejé un macuto breve en la esquina del cuarto, me arranqué las botas embarradas y abrí la ventana. Sobre la torre en sombra de aquel anochecer permanecía anclada una estrella fugaz de colorines.

[Me lo contaba ella]

Los cuatro hermanos terminaron de cavar la fosa. Grande. Cuadrada. Capaz. Vale ya. Poneos ahí. Miradnos. El menor, con catorce años comprometidos o inocentes, cuidó las paredes, las alisó incluso con cariño. Hasta retiró una piedra puntiaguda del fondo. Cabía en los movimientos de los cuatro una esperanza. De no ser así, por qué cavar, por qué herir esa tierra solo para que los recibiera y los abrigase definitivamente. Era necesario ganar tiempo. Que se arrepintieran. Que todo no fuese ya sino una broma cruel. Por eso ninguno dijo No, no quiero, matadnos ya, haced todo el trabajo vosotros. Al menos tendrían la acción caritativa del entierro en su libro de cuentas y cunetas. Muertos, ya igual da quedar al aire o a cubierto y tampoco se aprecia la compañía. La muerte debe de ser una soledad definitiva o ni siquiera. El caso es que cavaron y tuvo que ser porque esperaban que no llegase el plomo a sus calaveras[81].

---

[81] Referencia al conocido poema de Federico García Lorca «Romance de la Guardia Civil Española».

La verdad es belleza[82]

Solo la simpatía eliminaba el miedo. Ni una línea sin quiebro. Ni una curva que airosa delimitase el rostro. Ni una sola sonrisa que a sonrisa se acercara. No. Ni una.

El que era niño entonces apenas reprimía un gesto de sorpresa o de espanto tal vez, un paso atrás, un rechazo evidente que, sin embargo, se convertía más tarde en abrazo y en juego, en interrogaciones.

—¿Cómo eres, Jeromo[83], tan feo como eres?

Y Jeromo reía, aireando su único diente visible y huérfano, levantando una enorme manota, arrugada y oscura.

—¿Y por qué sabes tú que soy tan feo?

El niño no sabía. Escuchaba las charlas jocosas y amables de casa y al abuelo tranquilo que decía Es tan bella persona sin embargo. Y se echaba la siesta. Como un trueno roncaba.

Es difícil trazar la tabla de valores. Que si lo bello es bueno. Que si lo malo es feo. Que si Jeromo es feo mas Jeromo no es malo. Pero ¿lo malo es bello? El niño no com-

---

[82] Alusión a los dos célebres versos finales de «Oda a una urna griega», de John Keats: «Beauty is truth, truth beauty, —that is all / Ye know on earth, and all ye need to know» (La belleza es verdad; la verdad belleza. En la tierra / eso solo sabéis, y es cuanto os hace falta). Citamos por la traducción del Taller de Traducción Literaria de la Universidad de La Laguna, dirigido por Andrés Sánchez Robayna, 1997.

[83] Jeromo era un personaje real, muy popular en la barriada de la estación de Jimena de la Frontera.

prende. Tiene la sensación de equivocar las cuentas, como en los misteriosos cálculos del colegio.

—¡Tírame aquí, Jeromo, la pelota!

Se la ha tirado mal. Demasiado a la izquierda. ¿Solo lo malo es feo? Sin embargo divierte. ¿Eso es bueno y bonito? ¡Qué lío las palabras!

—¿Ay, Jeromo, por qué eres tan feo?

—Mira, niño, en la feria de Gaucín[84] concursé para un premio al más feo.

—¡Tú ganaste, Jeromo!

—Solo el segundo premio.

—Había, por lo tanto, alguien más feo que tú.

—Creo que no, porque era sobrino del alcalde.

—Entonces, ¿eres feo, o es que no eres feo?

—El más feo del mundo. Feísimo, seguro.

—Pues claro. Jeromo, lo que pasa es que eres el más bueno.

Y corrían los niños a buscar la pelota.

---

[84] Pueblo de la provincia de Málaga.

Sobre las espaldas

Frisaba la edad de mi abuelo cuando alcancé uso de razón, con poco más de los cincuenta años[85]. No vendió, porque no las tenía, muchas hanegas[86] de tierra de sembradura para comprar libros, pero sí llegó a empeñar la ropa de cama y supongo que alguna camisa de muda. Nadie dijo nunca de él que estuviese loco, sino que en el modesto barrio madrileño donde dio fin a sus días alcanzó reputación de sabio, sensato y, desde luego, caballero.

Si don Quijote puso su empeño inicial en actualizar el signo, mi abuelo supo siempre que lo que importa es la chicha de la significación y no tanto la cáscara del significante. No buscó, pues, armas ya fuera de uso, aunque pudiera limpiarlas, ni construyó con cartones la apariencia de una media celada. Tampoco púsose otro nombre que el recibido en la pila bautismal, ni rebautizó al rocín creyendo que la nueva nominación renueva al nominado, ni buscó amante ideal. Don Quijote creía que por declararse caballero andante surgirían gigantes y magos, y mi abuelo estaba ya escaldado por las deformidades sociales que le habían molido las costillas.

---

[85] Aquí el autor se refiere a su abuelo Alejandro Urrutia, que vivió en Madrid.
[86] 'Hanega' o 'fanega' es una medida agraria de superficie.

[Me lo contaba ella]

El sol se ponía ya por la sierra, rojo y circular, cuando salió el camión de la placita del cementerio. Caliente. Pegó un bote en el bache de la carretera y se lanzó por la cuesta abajo petardeando. Pesaba el día sobre la cabina y la caja del vehículo mientras los hombres marchaban con el cansancio y el mal sabor de boca de un trabajo mal hecho. O del que ha llevado a fin algún trabajo malo.

Canción de gesta

El ciego sol se estrella en las duras aristas de las almas.
Irrumpen en camiones veloces y destartalados. Escupen y
gritan. Se emborrachan de sangre y rompen las tinajas de
vino. Golpean las puertas con los fusiles y rasgan de arriba
a abajo los pellejos de aceite[87]. Brilla la calle en cuesta y se
cuela la sangre verde por todas las ranuras.

El ciego sol, la sed y la fatiga han rendido los ánimos. Y
el miedo. Corren las mujeres a refugiarse no se sabe dónde
y salen los escondidos, brazo en alto, Con vosotros estoy,
Yo os digo dónde. Para salir huyendo que no respetan nada el
primer día, sin oficiales, locos vengativos a los que nada
importa.

---

[87] Este episodio que se refiere a la guerra civil del 1936-1939 hace
referencia a la entrada de las tropas golpistas en Jimena de la Frontera,
población situada en una zona estratégica, por ser el Campo de Gibraltar
y el Estrecho la vía de comunicación con el Atlántico y el Mediterráneo.
A su paso, las tropas iban reduciendo poblaciones gaditanas como San
Roque y La Línea y, poco a poco, fueron cayendo otras poblaciones del
campo gibraltareño. Jimena de la Frontera fue la que por más tiempo se
mantuvo leal a la República, ya que cayó a finales de septiembre y mu-
chos de sus habitantes huyeron a Málaga. Jorge Urrutia, en un poema de
su libro *Del estado, evolución y permanencia del ánimo,* se había referido ya
al episodio de la ruptura de los pellejos del aceite (hecho que no deja de
tener literariamente ecos cervantinos): «río de aceite mana de la casa de
enfrente: / y corre y baja hasta / ahogar los murciélagos: paganos quijotes
hoy / frente a olicos pellejos».

Cerrado está el mesón a piedra y lodo. Mi abuelo llamó a la familia, Venid aquí, escondidos, no abráis a nadie, creerán que la casa está vacía. Pero falta la niña, entretenida en juegos.

A los terribles golpes de eco ronco, una voz pura, de plata y de cristal, responde... Hay una niña muy débil y muy blanca en el umbral. ¿Dónde estabas, mi pequeña Esperanza[88]? ¿Por qué abriste la puerta? ¿Te asustó la inundación de aceite, el río verde y traicionero debajo de la puerta? Oro pálido nimba su carita curiosa y asustada. En nuestro mal, les dijo, no ganáis nada.

Calla la niña y llora sin gemido. El sollozo infantil no cruzó por la escuadra de feroces guerreros. Nadie supo jamás lo que ocurriera, ni se escuchó una voz inflexible que les gritase: ¡En marcha!

El ciego sol olvidó una niña loca, pequeña tía Esperanza, niña eterna que dejó de crecer, que jugaba conmigo a las muñecas, ella, la más hermosa de todas las muñecas. Se limpiaba las manos y decía Tengo aceite.

Detén, lector el paso, si nada tienes que hacer. Fue una nefanda tarde de septiembre del año de la sangre. ¿Puede el arte ser superior a la realidad? ¿Y si es así, dónde queda el dolor, en qué vertiente, del lado de la forma o del lado de la idea? No puede describirse lo que es indescriptible. Detén el paso, lector, y mira si en tus manos queda también aceite[89].

---

[88] Esperanza es una hermana de la madre del autor que quedó detenida mentalmente en la infancia.

[89] Este capítulo juega con el conocido poema de Manuel Machado titulado «Castilla» perteneciente al poemario *Alma,* sin cuya lectura se entiende mal este texto de Jorge Urrutia, aunque el sentido final de los guerreros se invierte: «El ciego sol se estrella / en las duras aristas de las armas, / llaga de luz los petos y espaldares / y flamea en las puntas de las lanzas. // El ciego sol, la sed y la fatiga. / Por la terrible estepa castellana, / al destierro, con doce de los suyos / —polvo, sudor y hierro— el Cid cabalga. // Cerrado está el mesón a piedra y lodo... / Nadie responde. Al pomo de la espada / y al cuento de las picas el postigo / va a ceder...

El Mesa

Yo tuve dos abuelos, como todos. No hay en ello ningún mérito. Uno estaba en Jimena y sonreía. Otro estaba en Madrid, era su melena blanca y llevaba la corbata sin nudo, como una chalina de revista romántica.

Mi abuelo de Jimena despachaba en el bar copas a los arrieros, de aguardiente, y no bebía nunca. Acompáñanos, Antonio, con el rute[90]. Me queda mucha mañana sin beber, luego la tomo. Evitaba mirar y secaba unos vasos ya secados. Los mulos en el llano se inquietaban y una voz incomodada concluía el ruido de cascos en las piedras y el cemento. Antonio Gómez, yo invito y no va usted a negarme la amistad. Sacaba entonces mi abuelo una copa

---

¡Quema el sol, el aire abrasa! // A los terribles golpes / de eco ronco, una voz pura, de plata / y de cristal, responde... Hay una niña / muy débil y muy blanca / en el umbral. Es toda / ojos azules y en los ojos lágrimas. / Oro pálido nimba / su carita curiosa y asustada. // —Buen Cid, pasad... El rey nos dará muerte, / arruinará la casa, / y sembrará de sal el pobre campo / que mi padre trabaja... / Idos. El cielo os colme de venturas... / *¡En nuestro mal, oh, Cid, no ganáis nada!* // Calla la niña y llora sin gemido... / Un sollozo infantil cruza la escuadra / de feroces guerreros, / y una voz inflexible grita: "¡En marcha!" // El ciego sol, la sed y la fatiga. / Por la terrible estepa castellana, / al destierro, con doce de los suyos, / —polvo, sudor y hierro— el Cid cabalga».

[90] Se refiere al aguardiente de Rute, población de la provincia de Córdoba donde se destila esta bebida.

misteriosa, toda de cristal, y una sola gota parecía llenarla. Ya está Antonio y su copa, decía un avisado. Salud y que haya siempre. Se bebía el cristal mientras los hombres respondían salud como un oremus y cerraban la historia.

Antonio Gómez les daba a cada uno su encargo, vosotros al Cortijal, tú llévate a otros cuatro hasta el Peruétano, Muñoz Cobo se va al Bujeo Redondo. ¿Quién quiere acercarse a Las Mestas? ¿Puede dormirse en la gañanía? Puede. Yo mismo. Todo estaba ordenado, tranquilo. Mi abuelo gestionaba el negocio para la fábrica de corcho. Luego rendía cuentas al señor Furest[91]. Este llegaba a veces, alto y con botas, una fusta en la mano y un bigote rojizo. ¿Todo está bien, Antonio? Y se marchaba en un caballo tordo muy nervioso.

Entre los arrieros estaba El Mesa, siempre sonriente aunque hablaba poco. Un día, al repartirse la faena, llegaron los civiles. ¿Está José Chacón Sierra? Silencio. Mi abuelo salió del mostrador. Hoy no ha venido, sargento. Los guardias miraron entre los arrieros inquietos. Si viene me avisa, ¿entendido? Desde luego, sargento. Se fueron y el silencio pareció pegarse a las paredes. Volvió al mostrador y miró sus papeles. Cogió el lápiz de tinta y lo mojó en la lengua[92]. Mesa[93], te subes al Lentiscal[94] y no bajes en cinco días.

Los arrieros se fueron sin decir palabra.

---

[91] Don José Furest era un propietario de la zona que comerciaba con el corcho.

[92] Hasta hace unos años se utilizaban unos lápices que escribían en color morado cuando se mojaba la punta, generalmente con la lengua.

[93] El apodo del personaje se explica en el capítulo «La luz».

[94] Cortijal, Peruétano, Bujeo Redondo, Las Mestas, Lentiscal, cortijos del entorno de Jimena de la Frontera.

Anorexia

Lleva a este niño a la Sabia de Ronda, que le han echado el mal de ojo. Era una mujer mayor, de pecho abultado, ojos negros y grandes zarcillos[95]. La llamaban Antonia, la Aparecida, porque siempre llegaba en silencio, como lo inesperado. Habló de modo rotundo y fijando los ojos, casi heridores, en mi madre.

Fui consciente de la confusión que se había creado y del disgusto de mi padre ante el previsible acuerdo de los demás. Se decidió que subiera esa tarde a casa del médico. No creo en el mal de ojo, dijo, y hacia mi padre: Ya se lo puede usted imaginar, no sería científico; pero, por lo que me dicen, este niño está inapetente hasta extremos que rozan lo peligroso. A mi nieto le ocurría igual y mi hijo acabó por llevarlo a la Sabia[96]. Permítame, doctor, que le diga que no acabo de comprenderlo. Tiene usted sin duda razón, pero mi nieto volvió de Ronda devorando una cesta de frutas.

Mi padre, tan razonador, era evidente que no sabía qué hacer ni casi qué decir. Recétele un reconstituyente, vitaminas... No sirven para nada, ya lo ha visto; habría que hacer un estudio completo para el que no existen medios ni aquí

---

[95] 'Zarcillos': pendientes o aretes.
[96] Curandera. Un artículo de Jesús A. Cañas, «En la Sierra de Cádiz creen en curanderos», publicado en *El País,* el 4 de octubre de 2022, señala la vigencia de estas prácticas de sanación en la zona.

ni, me temo, en Madrid; al fin y al cabo, tampoco pierden nada por ir a ver a la Sabia.

Mi padre me llevó a los jardines por donde paseó Rilke[97]. Me sentó en sus rodillas y me explicó que el arte es solo un modo de vivir y uno, viviendo de cualquier manera, puede prepararse para él: en todo lo real se está más cerca y más vecino del arte que encerrado en ocupaciones semiartísticas. Luego entramos en la plaza de toros de piedra[98]. Por último, la Sabia me hizo sujetar una cruz de tabisca[99] y apoyó su mano en mi cabeza mientras recitaba un salmo.

El resto del verano comí como una fiera, le resumí a Juan Gómez Macías[100]. Entraba un sol hermoso que teñía de verde la habitación. Sobre una mesa, estaba abierta la *Segunda antolojía poética* manchada de violeta. Quitó el paño de un gran lienzo que había en el caballete. Hay un mundo inefable, Jorge, que solo los poetas y los sabios conocen. Mi tío me bajó a la cueva de su casa cuando yo era adolescente, rezó en voz baja, me acarició las manos y me curó de la melancolía. Este país es demasiado triste para ser melancólico. Después de aquello, comprendí que el arte está donde terminan nuestra comprensión y nuestro olvido; fue cuando empecé a pintar.

Por la ventana, Gibraltar era solo una roca para sujetar las nubes.

---

[97] El poeta checo de lengua alemana, Rainer Maria Rilke (1901-1972) vivió en Ronda (Málaga) del 7 o el 8 de diciembre de 1912, al 18 de febrero de 1913, donde escribió importantes poemas. Véase Jaime Ferreiro Alemparte, *España en Rilke,* Madrid, Taurus, 1966.

[98] La barrera de a plaza de toros de ronda es de piedra.

[99] 'Tabisca': planta medicinal, conocida también como malagueta, especie de pimienta que puede servir de condimento.

[100] Juan Goméz Macías (1950) es un pintor que reside en San Roque (Cádiz).

El balcón y el tiempo

Miras el tiempo silencioso / en el balcón[101]

L. DE L.

Me asomaba al balcón. Decía adiós con la mano y mi madre, a mi lado, me había enseñado a hacerlo. Hubo un día en que sola, desde el mismo balcón, nos despidió a los dos con sonrisa orgullosa. Empezaba el colegio. Nacía a una nueva vida.

¡Adiós, cuentos de hadas! ¡Adiós al caballito, cartón y balancín! Compañeros de juegos estaban ya esperándome.

Las calles de adoquines llevaban a otra calle. Venía luego un desmonte. Otra calle más ancha. Una estación de metro. Un túnel fascinante. Mi padre, que leía un periódico, serio. Y los cables subían, bajaban en el túnel, entre fuertes olores de sueño y de pereza. Una calle con árboles y un amplio caserón con la bocota abierta que engullía a los niños sorprendidos o ansiosos.

Luego vinieron Dickens, Pitágoras, Ulises, don Quijote, Pizarro, ese *bourgeois* llamado Gentilhomme de apellido.

---

[101] Versos del poema IX del libro *Elegía en Otoño* (1952) de Leopoldo de Luis. Según Jorge Urrutia, el poeta se inspira en el cuadro de Manet titulado *El balcón,* del que siempre tuvo una copia enmarcada en su cuarto de trabajo, porque quizás le recordaba una escena de familia.

174

Ah, monsieur Gentilhomme à la femme savante![102]. Arquímedes, marino, y el curioso Piyayo[103]. Todos en una acera, vendedores de fósforos cada tarde nevada[104]. Guillermo Brown recubre las alfombras con té para limpiarlas[105] y Piel de Asno[106] es una alfombra que extiende Juan Ramón Jiménez.

¡Qué caos de memoria! ¿En dónde está mi padre, que solo veo su mano, la que guía y escribe, la que lleva el periódico, la que seca la frente? Mi padre fue una mano que busco en cada aurora. Como un manto recubre los recuerdos, el tiempo transcurrido.

Mi tiempo se echará sobre la tierra un día, desde el balcón incluso hasta la misma mesa en que escribo la página. Y llegará a protegerla la mano del Dios Padre, ya definitiva.

Una mano de aire. Una mano de agua. La mano de una voz en mí guardada.

---

[102] Se refiere a las comedias de Molière, *Le bourgeois gentilhomme* y *Les femmes savantes*.

[103] Personaje del poema del mismo título del malagueño José Carlos de Luna (1890-1964).

[104] Alusión al cuento de Hans Christian Andersen, «La vendedora de cerillas».

[105] Referencia a un episodio de las aventuras de Guillermo Brown, personaje de una serie de novelas juveniles de la escritora Richmal Crompton (1890-1969).

[106] Cuento de Charles Perrault.

Huida en el otoño[107]

Nada sabíamos aún de la vida o de la muerte. Pero aquella mañana de octubre la clase infantil se sintió conmocionada.

Decidido, con lágrimas imposibles de retener, el corazón en la boca, salí del aula, crucé el amplio vestíbulo del vetusto edificio, antiguo teatro incendiado, colegio extranjero después, consejo supremo de los jueces más tarde, descendí las escaleras a la calle y eché a correr por la acera que, desde pocos días antes, andaba con mi padre todas las mañanas y con mi madre, en sentido inverso, cada tarde. Alcancé la boca del metro, bajé a saltos los escalones perseguido por una señora que atendía las necesidades, y al parecer las huidas, de los niños de aquel jardín de infancia.

¿Qué hubiera yo hecho al llegar a la taquilla, al control de ingreso de aquella boca de Bomarzo que se abría ante mí y en la que yo, ansioso Jonás[108], deseaba penetrar para acercarme al paraíso de aquella infancia que sentía en peligro?

---

[107] Capítulo inédito que no se incluyó en la primera edición de este libro.

[108] Bomarzo es pueblo no lejos de Roma donde el duque Pier Francesco Orsini construyó un famoso parque en el que, entre otras figuras monstruosas, existe una gruta artificial a la que se entra por una gigantesca boca de ogro. Jonás es un personaje bíblico que es devorado por un pez enorme.

Fue mi primera huida, tal vez del fuego, tal vez del colegio, tal vez de la justicia. ¡Cuántas veces escapé después, de la autoridad paterna, de una mujer, del amigo mendaz, de la ciudad, del campo, de aquel perro que dormía en un desmonte cerca de casa, de la política, de mis responsabilidades!

Parece que los héroes nunca huyen, pero no soy siquiera un antihéroe y, además, del héroe solo sabemos de sus actos heroicos, de su amarrarse a una lata de gasolina[109], de sus luchas al pie de la muralla, de sus batallas muerto, de las oposiciones que prepara para ser estatua; nunca nos hablan de sus dudas, de sus miserias, de sus traiciones. Incluso los revolucionarios más crueles caen a veces en la sentimentalidad. Las mismas ideas crean los héroes y los cobardes, los criminales y los locos, los sabios y los ignorantes, los inútiles y la gente para todo. Y no importa la idea, sino comprenderla, estirarla, cultivarla, tornearla.

Cuando me interrogo ahora, al cabo de tantos años, por la razón de aquella huida solo siento melancolía. ¿Qué me asustó y, sobre todo, qué me asustó precisamente aquel día que no era el primero de colegio? Sé que descubrí, a primera hora de aquella mañana de octubre, mirando desde el aula, los castaños marrones del otoño. La realidad. Pero no fui capaz de consumar mi huida.

Muy pronto descubrí que había una España vencida y un silencio que guardar. Supe que mi prima tenía padre pero que no estaba con nosotros, sino en una cárcel. Aprendí que la cárcel muchas veces no significaba maldad, sino todo lo contrario. Conocí que, como en los cuentos que me leían por la noche, los malos podían mandar. No siem-

---

[109] Sin duda recuerda el autor a Eloy Gonzalo García, héroe de la guerra de Cuba, a quien el pueblo de Madrid llamó «Cascorro» por haber actuado en la batalla que tuvo lugar en esa población cubana, aunque no murió en ella. Asaltó una posición amarrado a una lata de gasolina y así salvó a su unidad. Quien ganó batallas después de muerto, según la leyenda, fue el Cid Campeador.

pre era mi padre quien leía. No siempre estaba en casa pero, cuando llegaba, me remetía la cama y así yo me reconciliaba con un mundo que apenas si llegaba a entrever.

Más tarde, pero mucho más tarde, cuando ya casi no me servía de nada, aprendí que el mundo es una cera que nuestra voluntad no puede moldear pero sí dejar en ella una marca. Pequeñita. Como un ojo de pájaro.

Los niños de clase me miraron volver. Sudoroso. Colorado. Temeroso. Pero ninguno se rio. Creo, incluso, que me admiraban.

[Me lo contaba ella]

Se llamaba Cartojal y mi abuela procuraba decirle que ya no había sitio en la mesa grande de abajo cuando venía a comer. Le faltaba un ojo, cortado por una nube[110], y decía haber sido propietario de un edificio derruido que también fuese cuartel de caballería, allá por las Ventas del Guadiaro.

Me contaba mi madre en voz muy baja que había venido en aquel verano cruel de las matanzas, con una enorme bolsa de cuero en bandolera y un olor a podrido. La peste anunciaba siempre su venida y, aunque compraba colonias caras de Gibraltar en casa de la Tía Nica[111], un olor nauseabundo agitaba las hojas del limonero.

Madre, los geranios están pálidos. ¿No cree usted que los jazmines parece que se amustian? Mi abuela dejaba la cuchara de palo, se limpiaba las manos en el delantal y decía segura: Mariquita, cierra la puerta de cristales, que se acerca Cartojal.

Y Cartojal comía solo, en una mesa pequeña, en la esquinita más oscura del bar.

---

[110] Recuerdo de la primera secuencia de *Un perro andaluz,* filme de Luis Buñuel.

[111] Casa particular en Algeciras donde se vendían productos de contrabando traídos de Gibraltar.

El enlace[112]

Había sacado del armario un pantalón de dril. Mi padre se cambió de ropa muy despacio. Se puso la sahariana blanca, volcó el aguamanil y se peinó frente al espejo del palanganero, pasando la palma de la mano por el pelo después del peine, como hacía todas las mañanas en Madrid para ir a la oficina. Tomó una montera[113] negra que yo nunca había visto, me dio un beso, atravesó la casa y montó a caballo.

Mi madre llegó alterada, con el susto en el rostro, y me gritó que fuera tras él, que no lo dejase ir, que lo perdía. Primero sentí un ahogo, como si el corazón, crecido, cerrase la garganta.

Corrí la calle abajo, oyendo apagadas en mi frente las últimas voces de mi madre. Se va a la sierra, se va a la sierra, presionado por dentro, pensando solo en cómo podría abrazarme a las piernas de mi padre si él iba a caballo. Lo perdí en el cruce de las carreteras.

El niño está malo, Mariquita, tócale la frente. Está coloradísimo. El ahogo crecía y yo notaba el fuego muy profun-

---

[112] El título resulta inquietante. Probablemente se adjunta que el padre cubriera alguna función informativa con el maquis resistente que aún existía en la zona, que tal vez trajese o llevase alguna noticia o instrucción clandestina.

[113] 'Montera': en Andalucía, se refiere al sombrero, no solo al del torero.

do en el pecho, corroyéndome todo. Dale una pastilla. Si mañana está así habrá que llamar a don Juan Marina. Vente a la cama, niño.

La almohada es un refugio en el que se vuelcan todos los dolores y las horas. En el colchón de lana encuentra el cuerpo una trinchera amable. Yo hubiera querido también una herida en el pecho por donde se escaparan la congoja y la fiebre.

Un día, cayendo ya la tarde, sonó el teléfono. Oí a mi tía Mercedes que decía, es Isabelita Garcés, la de la centralita. Está en la Venta de Marchenilla[114]. Acurrucado en los brazos de mi abuela, vi cómo mi tío Antonio, el de Algeciras, se abrochaba el cinturón de la pistola debajo de la chaqueta. Mientras, mi tío Antoñito Gómez se calzaba las espuelas. Cruzaron el comedor y, en el patio, subieron a un caballo blanco y a una yegua manchada. Luego se fueron al trote.

Cuando me desperté, la habitación estaba llena de luz verdosa amarillenta entre los muebles. Noté despejada la garganta y la cabeza fresca. Al fondo, junto a la ventana, mi padre, en un sillón, leía serenamente un libro.

---

[114] Pedanía de Jimena de la Frontera.

El barbero de Jimena[115]

—Vente a pelarte, niño.

Había llegado el peluquero, con su vieja carterita en la que llevaba las tijeras y las cuchillas, cansada cartera ya de tantos trotes. Raspones y arañazos en el cuero negro parecían resumir vida y aventuras.

Me ataron una toalla grande al cuello. Me senté en la banqueta alta y el barbero dijo riendo:

—¿Le afeito también, caballero?

El sol se entreabría camino por las hojas del árbol y las jazmineras mientras yo trataba de encajar las patas del asiento en los cantos rodados del patio.

—Aféitalo sin cortarle —dijo mi tía—, que usted aprendió a cortar caras en la guerra.

—Y a sacar las muelas[116].

—Alguno no quería, pero...

El jilguero tricolor de cara roja inició decidido su trino y removió con las alas unas semillas.

Yo sonreía tímidamente en mi asiento mientras veía caer la sombra de los primeros mechones. El hombre empezó a contar que cortaba desde hacía treinta años, de cortijo en

---

[115] Capítulo inédito.
[116] Los barberos fueron, durante mucho tiempo, quienes sacaban los dientes. Por eso se les tildaba también de «sacamuelas».

182

cortijo, de casa en casa, de melena a calva, aseando a hombres y a niños.

—Ni siquiera paré en la guerra. Por mí pasaron todos los uniformes y todas las graduaciones. Canuto Largo, La Lapa, El Arrayán, Majada Vieja, Los Charcones, El Olivillo, El Mojeo del Lobo, Benazaína, Arenales de la Moracha, Ballesteros, La Gredera, también La Pasada de Mendoza, La Jabalinera, Herrumbroso, no me salté ni un cortijo, El Lentiscal, Bujeo Redondo, Garganta Honda, todos[117]. Una vez, incluso, me llevaron al monte, por allá, cerca de la cueva de La Chinchilla, para cortarle el pelo a toda una partida[118].

Mi tía Esperanza, la Esperancita siempre niña, limpiaba los zapatos de la familia. Una larga fila de calzado, casi de nueve en fondo. Le gustaba y se reía. Mi tío Paco la contemplaba cariñoso y, dirigiéndose al peluquero, dijo:

—Pero el cura no te perdonó, ¿eh?

—El cura... Maldita sea su estampa, vamos, las estampitas que regalaba a los niños. No me perdonó y por él perdí a Rosina, la que vivía enfrente del callejón Fechado.

—Pero ¿esa Rosina no vivía por el Cantón de la Palma?

—No, frente al callejón. Pero digo que el cura no me perdonó que yo cantase letras de carnaval y no villancicos.

> El vino y la pereza
> disputan mi corazón.
> Si la una es mi amada
> el otro es mi servidor[119].

—Ese no. San José bendito... —empezó mi tío.

El barbero de Jimena soltó una carcajada.

---

[117] Nombres de cortijos del entorno de Jimena de la Frontera.

[118] Se refiere a un grupo de maquis o guerrilleros de los que se mantuvieron algún tiempo después de la guerra civil.

[119] Traducción de lo que canta el personaje de *El barbero de Sevilla,* de Beaumarchais, en la primera escena de la comedia *Le barbier de Séville.* También Rosina es la bella enamorada de la obra teatral.

¡San José bendito,
como te apañaste
pa coger los huevos
con los alicates?

—Pero esto lo inventó Fabián, el carpintero. El caso es que el cura me denunció a los militares.
—Es que cantabais desde el coro del convento.
—Allí se canta, ¿no? Pero toda precaución es inútil[120].
No dejaba por eso de cortarme el pelo. Yo canturreaba:
—San José bendito...

---

[120] La obra de Pierre-Augustin de Beaumarchais, de 1775, se titula *Le barbier de Séville ou la précaution inutile*. Ese subtítulo, «la precaución inútil», es el que se retoma aquí.

Sinrazones para la lectura

Había restricciones de luz en aquel Madrid de la posguerra. El abuelo dormía solo, en una estrecha cama turca que, cuando los demás de la casa se levantaban, ya estaba recogida y oculta por una cortinita de flores estampadas. A las cinco de la mañana, el abuelo prendía una cerilla y encendía una vela. Luego empezaba su lectura.

El nieto siempre vio al abuelo leyendo: en casa, cuando andaba por la calle, en el metro, cuando esperaba junto a un castaño de la acera su salida del colegio. En la madrugada leía biología, estudios sociológicos, publicaciones sobre agricultura. Libros, la mayoría, de una vieja editorial Jorro[121] que compraba en la Cuesta famosa de don Claudio Moyano[122], que fue ministro, ¡qué casualidad!, de Instrucción Pública. Allí, a orillas del Botánico[123], no lejos de la estación donde el niño subía al tren que lo llevaba a ver al otro abuelo, allá por los campos andaluces. Campos de sangre y fuego ocultos.

---

[121] Sello editorial de Daniel Jorro, modelo de editor y hombre de letras, quien entre finales del siglo XIX y principios del XX publicó fundamentalmente libros de filosofía.

[122] Claudio Moyano (1809-1890).

[123] La Cuesta de Moyano donde se disponen los puestos de venta de libros de ocasión se sitúa al lado del Jardín Botánico de Madrid.

Una vez el niño se despertó temprano. En silencio fue a ver al abuelo al que descubrió dormido, su melena blanca cerca de la llama. Separó el portavelas y miró el libro abierto. Leyó la frase que se imprimió en la frente, por dentro, para toda la vida. «La poesía siempre tiene por objeto el hombre con sus ideas y sus sentimientos, incluso la fábula de animales, incluso la parábola, la alegoría, el cuento, todas las formas híbridas en las cuales el contenido humano de cualquier poesía aparece disfrazado como un antropomorfismo aplicado a los animales o a los objetos inanimados».

Para los aficionados a la lectura, como el abuelo de la melena blanca, ninguna explicación es necesaria. Simplemente se lee. Por eso, en cada lugar compré un libro. Por lo menos uno. Tal vez no fue el mejor, ni del autor más conocido. Posiblemente no fue original ni siempre me divertí al leerlo. Y, sin embargo, no creo haberme equivocado nunca. Alguien habrá que lo comprenda y comparta que la importancia está en la lectura más que en lo leído.

El abuelo leía de madrugada libros que sabía ya superados, biología olvidada, física errónea, planes comerciales fracasados, teorías políticas que se habían revelado erróneas. Era una lectura hecha con la conciencia de lo relativo, con la modestia que imprime lo perecedero, pero que lo afirmaba como individuo autónomo.

También yo leí pocas veces por el deseo de aprender más, o por enterarme del resultado de alguna peripecia narrada (empiezo las novelas policíacas por el final), ni siquiera por olvidarme de mí mismo en la profundidad de los sentimientos descritos. Y no es que crea inoportuno o perverso aprender, descubrir lo aparentemente sucedido o empaparse con emociones compartibles, pero deseo sentir el placer de la palabra hecha propia por un escritor, un placer que puede descubrirse en un giro peculiar, en el pico de una frase, en el uso de un vocablo.

Miro mis estanterías y puedo rehacer mi vida en un instante, recordar el lugar originario de cada libro, el olor de

186

cada librería, la emoción de cada esquina vuelta para descubrir las casas de Kafka, las alfombras de Hugo, la cocina de Barrie[124] o los patios de Juan Ramón. No he buscado lo que los lugares han impreso en las obras de los escritores, sino qué quedó de ellos en las paredes y en los jardines, en los muebles o en el aire, por qué pudieran ser distintos. Una vez, llegué a la casa de José Saramago, en Tías[125], no llamé a la puerta. No saludé al amigo. Quise imaginarlo en el jardín, mirando a lo lejos, en la bruma, el perfil de Fuerteventura. En Lisboa, años atrás, tan solo conté los pasos entre el portal de Ferreiros da Estrela[126] y el Palacio de San Bento.

Al cabo de los años, tengo la sensación de que no he hecho sino viajar por el interior de la lengua. De Bolívar al Che Guevara se ha hablado de la unidad americana lejos de nacionalidades más o menos delimitadas artificialmente, de un único pueblo mestizo que solo se diferencia por el grado de mestizaje. Tal vez todo ello no venga a ser sino una seguridad que imprime la alfombra mullida y sonora de la lengua. Por eso Simón Bolívar, en un decreto firmado en Rosario de Cúcuta[127], el 20 de mayo de 1820, impone la obligación de enseñar el español a los indígenas, los naturales, como él decía. Al leer en nuestra lengua, atravesamos el mundo y el tiempo, emprendemos el recorrido interior de un universo nuestro, en el que somos todos y uno mismo, absorbemos una historia antigua que, como la imagen del abuelo junto a la llama, se nos hace presente. Porque nada de lo que dice el poeta es ajeno al ser humano.

---

[124] James Matthew Barrie (1860-1937), autor de *Peter Pan,* cuya casa situada en Kirriemuir (Escocia) conserva una pequeña cocina campesina.

[125] Pueblo de Lanzarote donde pasó los últimos años de su vida el escritor portugués, premio nobel, José Saramago.

[126] Calle en la que residía Saramago en Lisboa.

[127] Ya se trató este tema en el apartado 6 de la primera parte y en la nota correspondiente.

Luego descubrí que el libro abierto junto al hombre cansado de la vida y del silencio era *Degeneración,* de Max Nordau[128]. Entonces me importó poco. Eso sí, un día, ante el asombro familiar, el niño preguntó a su padre: «Papá, ¿qué quiere decir antropomorfismo?». ¿Por qué lo preguntas?, contestó alguien. Y el niño, con la seguridad de la evidencia, dijo: «Lo he leído».

---

[128] Max Nordau (1849-1923), teórico del pensamiento y de la literatura, nacido en Hungría, quien escribió en alemán y en francés; su obra *Degeneración* fue de gran influencia en el pensamiento modernista. Alejandro Urrutia, abuelo del autor, poseía un ejemplar de los dos tomos esta obra de la edición francesa de 1896.

Sainete grotesco de la Venta de Marchenilla

Pidió una cerveza. Se le acercó cojeando un hombre y se sentó a su lado. Te conozco. Ha visto uno tanta gente. Eres bastante joven. Pero he vivido algo. ¿Antes o después de Córdoba? ¿Y qué supone usted de mí con Córdoba? Viajamos juntos en el tren. Usted es el cabo de la Guardia Civil; el que era de Marchenilla. Acabé de sargento. ¿Acabó? Me rompí una pierna y nunca quedé bien. Pues hoy los médicos... No supieron hacerlo; acabé yendo al curandero de Montejaque[129]. Eso está muy lejos. Hicieron unas angarillas, pusieron un sillón en ellas y me llevaron a hombros, vía adelante, hasta un vagón de mercancías. Doloroso. Sargento y todo, yo lloraba. El dolor hace olvidar; solo el dolor se recuerda. Solo. ¿Pensionado? Una miseria; aquí me tienes, después de tantos años. Lo lamento. Gracias y cuida esos paseos por el monte; puedes también caerte del caballo. Y romperme la pierna y que tengan que llevarme a Montejaque. O al Dueso[130]. Me gusta el monte. Aunque cojo me entero; que no se entere el teniente. ¿Quiere liar

---

[129] Localidad de la provincia de Málaga, situada en la comarca de la serranía de Ronda.

[130] Prisión del Dueso, localizada en el barrio del mismo nombre, en el municipio cántabro de Santoña, tristemente famosa durante la represión franquista.

un cigarro? El curandero descoyuntaba las articulaciones de una gallina; luego las iba poniendo una a una en su sitio. Sería horrible escuchar a la pobre gallina. Peor era cuando retorcía después mi pierna; por eso es mejor no caerse del caballo. Y andar con cuidado. No dejarse ver mucho. Cuídese la pierna, sargento. *¿Quién con piedad al andaluz no mira / y quién al andaluz su favor niega?* ¿Se acuerda? Yo te pago la cerveza y no tardes en marcharte.

La luz

—Abuelo, ¿qué puede hacer un hombre en el monte?

—Trabajar, hijo, como nosotros aquí o tu papá en Madrid. No hay más remedio.

—¿Y cómo se trabaja allí arriba?

—En el corcho. Descorchando los árboles.

—¿Cinco días?

—Sí, lo peor son las noches, pero del lentisco[131] puede sacarse aceite para la lámpara.

Me había despertado muy temprano y subí descalzo la escalera de caracol con su tronco pulido gastado por las manos. Desde la puertecilla lo había visto todo. Incluso contemplé al guardia amigo que me daba una perrilla cuando no quería, siguiendo las órdenes terminantes de mi tío, cobrarle el tabaco de contrabando. Mi abuelo me miró curioso, sin comentar nada.

—¿El Mesa no se llama El Mesa?

—Si lo sabes no preguntes.

Tardé en saberlo. Una madrugada había aparecido con unos zajones[132] verdes en vez de grises sobre los pantalones

---

[131] 'Lentisco' *(Pistacia lentiscus),* arbusto que crece en los matorrales secos y pedregosos del mundo mediterráneo.

[132] 'Zajón' ('zahón', con «h» aspirada, en Andalucía baja), calzón de cuero que se pone encima del pantalón para protegerlo cuando se monta a caballo.

de pana. Avergonzado, explicó en el bar que la mujer había aprovechado una tela guardada.

—Pareces una mesa de billar.

—El Mesa, ya bautizado, se rio con todos. Los mulos esperaban, pacíficos, a la puerta.

Carta de Navidad[133]

Era poco antes de tomar los turrones. Las mujeres, en su vuelo doméstico, no traerían ya más platos de elaborada espera. Habíamos enterrado el sabor del pastel de verduras y no quedaba nada de aquella expectación, mal surgida del horno junto a un pescado enorme que siempre sorprendiera a los niños con su humeante rebosar.

Sabíamos que mi padre y mi abuelo descubrirían —la magia luminosa de los seres queridos— las tabletas de turrón y la sidra, cuyas botellas iban a abrirse entre sonrisas, no sin que mi madre dejara de advertir el peligro que rondaba las bombillas y de predecir las seguras marcas que el tapón sellaría en el techo.

Antes de cenar, los niños habíamos cantado villancicos —nunca sabidos enteros— ante un sencillo nacimiento cuyas hierbas y escarcha supusieron alguna rencilla con los adultos. Que siempre la delicadeza riñó con la precipitación.

Unas manos sabias y enrojecidas, ganchos de vida y hueso, cubrían las ventanas con una manta que conociera batallas de frío y de miedos. Dulce y cálido abrazo de techos, manos y lanas, de alientos y de brazos.

El turrón lo partían los hombres. Lenta, solemnemente. Nadie lo había probado antes de aquella noche. Noso-

---

[133] Este es el primer texto que se escribió del libro. Se publicó en el Suplemento Literario del diario *Informaciones* de Madrid, que dirigía Dámaso Santos, el 6 de enero de 1983.

193

tros espiábamos y nos descubríamos al oído el escondite sin atrevernos nunca a tocar la mítica caja metálica que lo guardaba. Con lentitud, mi padre iría separando los trocitos y distribuyéndolos equilibradamente por la superficie de una bandeja rectangular. Por encima, la mano del abuelo dejaría caer las figuritas de mazapán, la nevada de los piñones y las peladillas, el lujo, algunas veces, de las frutas escarchadas en sus papeles brillantes de colores.

Era el momento de los hombres. Se repartirían las migas restantes del troceado, con algún verso cómicamente surgido en los labios: «Estos, Fabio, ¡ay dolor! que ves ahora/ migas de soledad, mustio escarchado, / fueron un tiempo Jijónica famosa». O bien: «Daba sustento a un pajarillo un día...»[134].

Era poco antes de tomar los turrones. Se habían retirado los vasos de agua y la jarra. Solo la sidra, a los postres, variaba la bebida. Era el momento de los hombres. Mi tía, delicadamente masculina, se levantaba en silencio. Su peinado, una rueda. Volvía enseguida, desde el fondo oscuro del pasillo, con una carta hermosa como un bosque ofrecido. La leía de pie y sus palabras resbalaban por encima de nuestras cabezas. Cada uno recibía su frase cariñosa, el recuerdo, la observación oportuna en las líneas contadas.

En torno de la mesa, la hija, los padres, los hermanos, el sobrino, escuchaban, en devoto silencio, como una oración de esperanza, la palabra que leía, con lágrimas y sonrisas, la esposa de voz segura. Un racionado verbo escrito en una celda del penal de Burgos[135], imagen imposible de esta noche, soplo también político que huía de la muerte.

Eran así las nochebuenas, las dulces nochebuenas de mi infancia. La encía se quebraba, poco después, en los turrones.

---

[134] Parodia de los primeros versos de «Canción a las ruinas de Itálica», de poeta sevillano Rodrigo Caro (1573-1647) y luego primer verso de un soneto de Lope de Vega.

[135] Prisión en la que estuvo internado por delitos políticos, durante el franquismo, José Luis Gallego, tío del autor.

Bodegón

Sobre el hule oscuro espera el salchichón que el cuchillo amanezca. Las barras de pan descansan. Rueda el chorizo rojo como una fuerza imparable hasta el mismísimo borde de la mesa. Los tazones llevan esquirlas de luz y unos vasos de vino esperan a los hombres.

No se canta. La familia charla y merienda. Cuando el español canta, algo tiene en la garganta, decía mi madre. Parecen camaradas y el amor supera en esta sala las viejas y opuestas aventuras. Nadie recuerda ahora que hubo un campo de trabajo, uniformes forzados o queridos, madres que secaron rostros dentro de la fosa y humedecieron sus duelos junto a un pozo, dignidades solemnemente mantenidas o socarronamente rotas, jóvenes arrastrados desde un caballo blanco. Nadie cuenta que hubo dos amigos ya hermanos, hermanados primero por alambre en las muñecas, que tropas coloniales rasgaron los pellejos de aceite[136], que llegó la locura a clavarse en la niña, que una luna sangrante se de-

---

[136] En Jimena de la Frontera entraron las tropas de Regulares compuestas por soldados marroquíes bajo el mando de oficiales españoles. Una clásica unidad colonial. Al entrar en los pueblos, los oficiales solían retirarse y los soldados campaban por sus respetos. En este pueblo encontraron pieles de cerdo rellenas de aceite. Posiblemente, por ser musulmanes, agujerearon con las bayonetas esos odres y el aceite corrió cuesta abajo. Hay una referencia a este hecho en el capítulo «Canción de gesta»

tuvo en el cielo de este pueblo. Es más fuerte la vida. Beben primero agua.

Y de repente todos perciben un olor nauseabundo. Se queja el limonero junto al pozo. Deja mi abuela la cuchara y Mariquita cierra la cristalera y corre las cortinas. Es Cartojal que pasa[137].

Nos la enseñó una tarde y se reía. La bolsa estaba llena de todas las orejas que había ido cortando. Empezó en las chozas de pastores junto a los pantanos y terminó en las playas de Conil. Cortó orejas en Guadiaro, en San Roque, en Torre Carbonera, en La Línea desde la Tunara y el Castillo de Santa Bárbara hasta el de San Felipe, en Campamento, Puente Mayorga, Cartaia, la orilla del río Palmones[138]... Se le saltaron las lágrimas a mi madre. Abrió, dijo, la bolsa para mí y me obligó a mirar, riendo, una masa de orejas y de sangre.

---

[137] Cartojal aparece en uno de los capítulos titulados: (Me lo contaba ella).

[138] Conil de la Frontera, Guadiaro, San Roque, Torre Carbonera, La Línea, Tunara, Castillo de Santa Bárbara, Campamento, Puente Mayorga, Cartaia y Palmones son lugares de la provincia de Cádiz y, salvo Conil, específicamente, del Campo de Gibraltar.

Recuerdos de la barca y el bosque[139]

Era como una luz. Una ventana por la que entrase otra vida posible, un sol seguro, una brisa olorosa, una libertad mecida por el cansancio último de las olas marinas. La barca, en la arena, reposada, todo el mundo con ella en azules y suaves amarillos, era la languidez que sigue al último esfuerzo realizado. Ahí veía yo a mi padre, con su sonrisa triste acompañándole, amable y silencioso, hecho tranquilo al cabo de intranquilidades.

Mas era posible, también, descubrir en la barca como una crispación que se apuntase, como un puño cerrándose tras la relajación del sueño, como un ansia de recobrar el mar, de ascender por las olas casi a contracorriente. Y de nuevo lo veía yo ahí, con ira sacrosanta o, más modestamente, con la fuerza en las manos protegiendo mis mañanas de frío, enfrentado al esfuerzo diario, decidido a que tan solo él recibiera los agudos zarpazos de la vida.

Era como una luz la acuarela de Gaya[140], en aquel cuarto oscuro, en aquel barrio obrero del Madrid más oscuro. En

---

[139] Una primera versión de este capítulo se publicó en el catálogo de la exposición «Ramón Gaya, obra última (1990-2000)», celebrada del 21 de septiembre al 12 de noviembre de 2000 en el Palâcio Galveias de Lisboa.

[140] Ramón Gaya (1910-2005), pintor español ligado a la generación del 27, quien colaboró con las llamadas Misiones Pedagógicas de la Re-

aquel barrio oscuro del Madrid más obrero[141]. Los personajes barojianos lo cruzaban con sus carros de basura, pero yo no sabía aún quién era Baroja y al cruzar los desmontes, camino del colegio, guardaba en la retina la luz de aquella playa que en la casa guardábamos.

Años más tarde, llevado por mis estudios sobre Juan Ramón Jiménez, acudí a visitar a un hijo de Juan Guerrero Ruiz[142], el famoso «cónsul de la poesía española». Repasando manuscritos, recorrí con mi amable anfitrión dibujos de García Lorca o de Dalí y acuarelas de Ramón Gaya. Eran similares a la que iluminaba mis tardes infantiles. Supe por entonces que había sido regalo del propio Juan Guerrero a mi padre, entonces joven poeta herido en los campos de batalla. Delante de él, acababa de dársela, con otras, el pintor

<hr />

pública. Leopoldo de Luis lo conoció en plena guerra civil en Alicante, junto al crítico Juan Guerrero Ruiz. En esa ocasión, ambos le regalaron a Leopoldo dos acuarelas que presidieron la infancia de Jorge Urrutia. Ramón Gaya intervino en las Misiones Pedagógicas, en la Alianza de Intelectuales Antifascistas y en la fundación de la revista *Hora de España.* Marchó al exilio en México en el famoso barco Sinaia.

[141] Jorge Urrutia escribe, en «Dos o tres cosas que sé de él», publicado en *Leopoldo de Luis, poeta de un tiempo sombrío* (Catálogo de la Exposición celebrada por el Instituto Cervantes de Madrid en 2018): «Construí mi palacio en una habitación oscura de una modesta vivienda de un barrio madrileño. Daba su ventana a un patio estrecho por el que volaban los olores de las cocinas de la vecindad. Parecía que todos comíamos lo mismo cada día, pues el eco de las verduras se entrelazaba con el del pescado frito y el quejido de la carne que cocía en el puchero. En medio volaban las hadas y corrían Pulgarcito y el Conejo Blanco. Resonaban las coplas populares desde las radios» (págs. 13-14).

[142] Intelectual español (1893-1955), a quien Federico García Lorca llamó «cónsul general de la poesía española». Editor de la *Revista Hispánica Moderna,* fue amigo de los poetas de la generación del 27 y traductor de Joyce, Lawrence o Larbaud. En mayo de 1913 visita por primera vez a Juan Ramón Jiménez y comienza una relación de intensa amistad que dio pie al libro *Juan Ramón de viva voz.*

al «cónsul»[143]. Más tarde, el Museo Ramón Gaya me permitió aprender que nuestras acuarelas se pudieran haber pintado durante los viajes del artista con las Misiones Pedagógicas[144]. Y he dicho «nuestras acuarelas» porque la luz era doble.

De niño, después de deslumbrarme durante horas con esa playa que sin ser una playa era mi playa —que hubiera afirmado Magritte[145]—, fatigado ya del sol y del llegar monótono del agua («¡Niño, descansa, que el mar come mucho!», me había dicho tantas veces mi madre en nuestros cortos veraneos), me levantaba despacio, abandonaba los libros de clase, descolgaba la acuarela y le daba la vuelta. Al dorso, protegido por otro cristal, había un pequeño bosque, promesa de aventura.

Muchos años después, acudí a la inauguración de una exposición de Ramón Gaya. Camino de la sala de exposiciones, andando la Avenida de la República hacia Campo Pequeno[146], recordé con cariño aquella luz que Ramón Gaya entregó a mi infancia vivida en la zona de sombra de un país que podía ya abrir orgulloso su luz mediterránea y ofrecérsela, amigo, a la fuerza recobrada de los vientos atlánticos[147].

---

[143] Esta última frase no aparece en la versión del catálogo de este texto.

[144] Programa de la Segunda República destinado a la alfabetización y la mejora del nivel cultural de los sectores obreros y campesinos tradicionalmente marginados en España.

[145] René Magritte (1898-1967), pintor surrealista belga.

[146] Barrio de Lisboa.

[147] En lugar de este párrafo y del siguiente la versión del catálogo contiene este otro: «Hoy, muchos años después, acudo a mi primera actividad pública como director del Instituto Cervantes en Lisboa, la inauguración de una exposición de Ramón Gaya. Camino de la sala de exposiciones, andando la Avenida de la República hacia Campo Pequeno, recuerdo con cariño aquella luz que Ramón Gaya entregó a mi infancia vivida en la zona de sombra de un país, España, que puede abrir orgulloso su luz mediterránea y ofrecérsela, amigo, a la fuerza recobrada de los vientos atlánticos. Aquí, en Portugal, pudieran estar aquellos bosques claros».

La gloria de un artista radica en una capacidad indefinible para iluminar nuestra vida, para acompañárnosla durante toda ella; despierta nuestra admiración y nuestro reconocimiento. La mía, con la elegante modestia que traen las acuarelas, la ha iluminado Gaya.

El preludio[148]

Se oía tan solo el respirar acompasado del sueño. Aliada conmigo, la puerta de la amplia habitación fue silenciosa y me encontré, tranquilo, con un reposo inigualable del espíritu, en el frescor de la noche, aún no la amanecida.

Caminé despacio, muy despacio, por miedo a que algún gesto brusco pudiese romper el ensueño. Salí a la carretera y busqué los senderos de polvo entre zarzales. Algún rumor de latigazos denunciaba la huida de ratones de campo sorprendidos, lagartos despertados o culebras en las que la soledad se alarga en la hierba seca.

Llegué a los pies de la colina que pende del castillo con su torre truncada, pozo aéreo desdentado de almenas. Fijé la mirada en aquel confín del horizonte. Solo estrellas detrás y una levísima claridad que anunciaba el futuro de luz.

Avanzaba tranquilo, reposado, suspenso por la noche y sus sombras, pero sin temor alguno. De pronto, detrás de la pared rocosa, separada y aislada de la torre, se alzó una muralla. Tuve la sensación de que no permanecía, sino que

---

[148] El título evoca el poema «El preludio» de inglés William Wordsworth (1770-1850), obra autobiográfica en la que el autor nos lleva a su infancia como periodo en que se forja el espíritu. En el texto de Urrutia pueden apuntarse varios cruces con la versión de 1799 de «El preludio», del Taller de Traducción Literaria, dirigido por Andrés Sánchez Robayna, publicada en 1999.

aumentaba su tamaño a cada paso mío. Era algo animado y vigilante que crecía como una culpa, como un sayo abandonado en la montaña por un enorme pastor de rebaños[149].

Emprendí el regreso a casa. Siempre sin miedo. Inquieto, eso sí, por el descubrimiento. Permanecí taciturno varios días, sintiéndome observado por las cosas a las que ya sabía con vida. Comprendí el aislamiento, mi ser desamparado frente a ellas.

Una tarde, cuando todos dormían un calor que lastraba, me acerqué a mi padre que leía entre la sombra de la parra y la protección del limonero. Muy bajito le dije, Papá, las cosas me miran y me siguen. ¿Qué cosas? Las rocas, los muros, siempre los árboles; y me miran también de noche. Mi padre sonrió y me dijo que las cosas conocen una música perdida. Tú tendrás que aprenderla.

Años después, cuando yo ya buscaba la sombra de la parra y del limonero, supe que la mente humana busca acompasarse al acorde musical del universo[150]. Supe también que la infancia tan solo puede ser una obertura. Todo lo entendí como un eco de las voces oídas en mi casa, porque la casa era la noticia de las cosas y estas traían la huella del mundo invisible. Lo feo puede ser lo bueno, la sombra la protección, el suspiro la música del universo.

Pero antes, en aquella tarde calurosa, comprendí que mi padre era mi cómplice.

---

[149] Alusión al final del poema «Pascua de resurrección» de *Campos de Castilla*, de Antonio Machado.

[150] Para Wordsworth, la mente humana está formada y construida como un acorde musical y hay aquí un claro diálogo con este fragmento del poema que inspira el título de este texto.

Motivos de la escritura

Estuve a punto de ahogarme. Lo he contado de algún modo, tal vez demasiado metafórico como para que se entendiera, en mi libro *La travesía*[151]. Ya se sabe que la metáfora siempre es un problema porque la usamos para que diga lo que no dice, pero puede acabar diciendo lo que nadie pretendiera y fundando el surrealismo. Metafórico o no, el caso es que estuve a punto de ahogarme.

Es una curiosa sensación la del flotante que teme dejar de flotar, de quien contempla la playa que se aleja, cada vez a más distancia de aquello que la mano pudiera alcanzar, los pies sin tocar el fondo, el agua invadiendo toda su mirada ya, todos sus orificios. Sal de lágrimas, temor de impotencia, miedo húmedo. Mar devorador en torno. Mar deglutidor.

Dice en un verso el poeta uruguayo Armando Vasseur[152]: «Estamos en uno de los estratos medios del abismo»[153].

---

[151] *La travesía,* Madrid, Hiperión, 1987: «has nadado esta vez, desesperadamente, has huido del fuego y de la nieve, del tiempo y de la sombra, quieres ver la memoria hecha memoria, la experiencia elegía, te agostaste, vuelves a respirar sobre la orilla, sabiéndote los labios manchados por la arena, los pies fríos, el cuerpo como un cuerpo hundiéndose, con los dedos dolidos por la sal y la tierra, respiras ya más lento...».

[152] Álvaro Armando Vasseur (1878-1969), poeta y diplomático, primer traductor de Whitman al español.

[153] Inicio del poema «La Tebaida de los soñadores» del libro *Cantos augurales* (1904).

Tremenda afirmación. Nos sentimos descender aceleradamente, sin capacidad alguna de enganche, con tanta altura por encima como bajura por debajo. Y sigue el poeta: «Una penumbra cenicienta que sin embargo clarea, ilumina». Pero, en mi caso, cuando me estaba ahogando, era exactamente lo contrario.

«Ponte el gorro, niño, que te vas a quemar», solía repetir mi madre. Yo me sentía, allí, con tanto mar en torno y tanta tierra lejos y no palpada, en el punto medio de la caída hacia el abismo, con una peligrosa e irrefrenable tendencia al descenso absoluto. Pero no había penumbra y perdía el gorro y me afanaba en buscarlo porque mi madre se enfadaría o había aprendido ya que las cosas no se pierden, ni el amor, ni la costumbre, que se pierde tan solo el aire que no se traga, el agua que no se bebe, el canto que no se dice. En fin, siempre es así, sol profundo, claridad manifiesta, muros de soledad que el calor construye, en la tarde, Andalucía y el mes de julio.

El panorama solo yo podía verlo desolado, porque un panorama únicamente es tal para quien mira. El paisaje es el hombre. Lo demás es el lobo que amenaza, los dientes que pueden morder y a veces muerden, los cuervos criados[154], las olas que no dejan respirar, invaden lo invadible y escupe el posible ahogado. El panorama no es sino los ojos que miran y yo miraba, sí, con ansia de ser visto, descubierto en mi trance de ahogamiento próximo. ¿No encontrará alguien mi gorro y me buscará mi madre? Regáñame madre, oblígame a protegerme del sol y de las olas. Y yo me decía: «No ven, no quieren, no pueden ver, nada de cuanto les rodea, de cuanto les asfixia».

La verdad es que yo no me decía nada de esto porque he vuelto a citar a Armando Vasseur y, por entonces, desconocía totalmente su existencia. No puedo decir que, de conocerlo,

---

[154] Referencia al refrán popular: «Cría cuervos y te sacarán los ojos».

hubiera citado el versículo, aunque no afirmo tampoco lo contrario. El intelecto y la memoria tienen comportamientos extraños, pero, en cualquier caso, nada de eso recordé si recordé algo, que más bien creo que no, amigo Sancho, no estaba mi cabeza para juegos malabares, sino tan solo para observar si era observado y, sobre todo, para encontrar el modo de no perder los nervios y conseguir acompasar mi esfuerzo al ritmo de las olas por, de común y natural convenio, lograr que mi frente se apoyara al fin en tierra seca.

Estamos, pues, en que me ahogaba y no parecía haber remedio. Ya sé que ustedes, estimados lectores, no deberían sentirse con inquietud ninguna por mi aventura porque estoy escribiendo esto. De haberme ahogado no existirían estas páginas que leen. No hay emoción posible que, si no todo está sabido, sí es verdad que puede suponerse y el héroe no sería nunca yo, sino el marino, el bombero, el vigilante, el aguerrido nadador, el primo listo que hay en todas las familias, aquel, en fin, que, esforzado caballero es don bañero[155], alcanzó al niño candidato al ahogo y lo llevó, entre murmullos de admiración y gritos de espanto, hasta la madre que, seguro es, acabó pegándole una paliza al atrevido por haberse salvado. Mejor muerto, pues, que a los muertos no les pegan y si les pegan no sienten y si sienten no están muertos y vuelta a empezar: la playa, el gorro, las olas, el miedo, el valiente salvador, la madre nerviosa y los azotes.

Pero creo entrever que así no se cuentan las cosas y que debería haber empezado por el principio. El tren del sur, estaciones y estaciones, sombras que a poco avanzan, tortas de Alcázar[156], el revisor que pica los billetes, el policía de

---

[155] Juego con el verso de Quevedo: «Poderoso caballero es don dinero».

[156] Se refiere a unos bizcochos que se vendían en los andenes de la estación de Alcázar de San Juan, donde el expreso Madrid-Algeciras hacía una parada a medianoche. Alcázar de San Juan, en la provincia de Ciudad Real, era un importante nudo ferroviario.

servicio[157], la cesta de la cena del viajero de enfrente, la carbonilla, las manos siempre sucias, la noche, el sueño detrás de mis padres que se sentaban en el borde del asiento para dejarme espacio, la luz azulada del compartimento[158], la mañana, olivos y olivos formados para rendir honores al joven viajero que despierta, el desayuno del coche restorán, la inquietud, la impaciencia, la avaricia de luces, la llegada, el equipaje registrado[159], la familia, el bañador de tirantes, la confitería de la esquina donde comprar los bollos para después del baño, «luego tienes hambre, niño, el mar desgasta mucho», y así felicidad de infancia, luces y colorines que apenas si dejan comprender la miseria, la elementalidad de lo que nos rodea, las sandías tan rojas y el mar, las caracolas, la pubertad, el deseo, la libertad apenas aflorada saliendo hacia las manos y otra vez el mar. Las cosas en su orden, bien puestecitas, que se entienda bien todo, con su buena letra y procurando evitar las rimas internas de la prosa.

Y entonces fui consciente de que me estaba ahogando, de que estaba en uno de los estratos medios del abismo, de que una penumbra cenicienta que sin embargo clarea lo iluminaba todo o, al revés, de que una luz pesante y clara se volcaba como una ceniza oscura.

Les he dicho que las cosas deben estar bien hechas, el gorro en su sitio, el orden y el ritmo asegurado de los versos, el léxico escogido. Todo como es debido que tiempo siempre queda para romperlo todo. ¡Ah, la música de las esferas que el poeta percibe! Bien, pues me estaba ahogando y, entonces, en los estratos medios del abismo, decidí escribir el primer poema.

---

[157] En los trenes, durante el franquismo, siempre iban dos policías de paisano que pedían la documentación a los viajeros.

[158] En los trenes nocturnos podía encenderse en los compartimentos una luz azul que permitiera dormir.

[159] Durante los años cincuenta del pasado siglo, con la dictadura franquista y las malas relaciones con Gibraltar, en la estación de Algeciras los aduaneros registraban el equipaje de todos los viajeros.

Ensueño

En la habitación oscura del anochecer se oía, muy bajito, una leve quejumbre. Si se prestaba atención, los quejidos tenían algo de rítmico y una extraña continuidad. A veces, el son se hacía más claro y era posible percibir una voz que pronunciaba notas musicales. Do fa mi fa la do[160].

La vista ya se acostumbraba a las sombras y llegaba a percibir la silueta de una anciana delgadísima sentada a la mesa que antes había servido para que rezase el rosario, jugase a la brisca con los nietos, cumpliesen estos los deberes del colegio, comiese la familia, cortase y cosiese un vestido, hiciese las labores de plancha, descansase el censurado periódico de la mañana o sostuviese los desayunos. Fa fa mi Re do fa.

Ahora, en la oscuridad, ya no sé si del día o de la vida, mi abuela Vicenta recordaba las partituras que había tocado asiduamente al piano, sol la si, y, con los ojos cerrados, fingía ante ella, en lugar de la mesa, un teclado sobre el que volaban sus dedos para posarse, delicadamente, re fa sol la, o con decidida fuerza, do sol, sobre las teclas debidas.

Cuando leo en alguna novela cómo se ha desencadenado la ruina familiar de los protagonistas, cuando escucho en

---

[160] Principio de la pieza *Escenas de niños,* Opus 15, núm. 7, de Schumann, titulada como este capítulo: Ensueño.

alguna reunión que alguien ha pasado de la abundancia a la escasez, solo puedo imaginármelo como una abuela tocando a Schumann, en la sombra, al piano mudo del recuerdo.

Valéry en la fonda

Mi abuelo Antonio, el de Jimena, se encontró con mi abuelo Alejandro. Aún no eran mis abuelos ni habían pensado en emparentarse. El primero regentaba aquella pensión, bar, restaurante, fonda, en fin, de estación de pueblo con la que se sentía tan próximo a la gente, obtenía para vivir y hacer vivir a los suyos, y se justificaba de paso ante sí mismo y ante los hombres. El segundo, malvivía sin beneficio y no muy claro oficio, rechazado por la oficialidad vencedora y acogido de amistad en amistad, sin saber bien si se justificaba ante alguien que no se hubiese ya justificado, aunque buscaba ejercer de padre por estar a bien consigo mismo y con los suyos.

El primero le llevó la sopa de picadillo al segundo, que se declaró del todo satisfecho con el alimento, pues era de poco comer y, más que su apetito, le preocupaba cómo estaría su hijo, internado en aquel lugar del sur por desafecto y destinado con cientos de compañeros a construir la carretera que se pierde entre los montes hacia Ubrique. Siempre es menos sospechosa la piedra cimentada que la palabra que se deja caer, como si nada, al desgaire, como libre de significado, en las aulas o ante los compañeros.

El segundo conversó educadamente, se interesó por las condiciones tradicionales de supervivencia, preguntó por el estado del castillo árabe, por las cuevas prehistóricas y, especialmente amable, por los efectos de la guerra.

El primero comentó las cosechas, la extensión de los latifundios y le explicó en voz baja que había por la sierra algunos guerrilleros resistentes, a los que la Guardia Civil llamaba bandoleros.

El segundo explicó lo que había sentido abrazando por fin a su hijo, que podía salir, adónde iría sin documento alguno, y que le habló de la belleza encerrada del río Hozgarganta, pero temía que los usaran de escudo.

El primero comentó que había conocido al chico un día, porque paseaba a veces con su hija y que la zona era tranquila, que la carretera iba hacia Galis y solo había problemas entre el Puerto de la Yegua y Patrite[161].

El segundo dijo que ya se marchaba al día siguiente, que estaba sin dinero.

El primero contestó que bien lo suponía, pero que podía quedarse.

El segundo aseguró que no quería abusar y le pidió perdón.

El primero comentó que hoy por ti y mañana por mí.

El segundo confesó que, desde hacía cuatro años, le parecía estar viviendo un mal sueño.

El primero le cogió la mano asegurándole Usted es un caballero.

El segundo recitó: El hombre solo debe temerse a sí mismo, a su potencial de dolor. Es frase de un poeta francés[162].

El primero confesó, Soy un infeliz que no he estudiado.

El segundo lo abrazó. Usted es una gran persona, y para ser feliz, solo le falta el sentimiento de serlo.

---

[161] Galis, Puerto de la Yegua y Patrite, lugares donde se encuentran los alcornocales por donde pasa la carretera que construyó el batallón de prisioneros en el que estaba integrado Leopoldo de Luis.

[162] Se refiere a Paul Valéry.

Leyenda del pabellón dorado[163]

Era la casa un símbolo en medio de las tinieblas de su tiempo. Parece un sueño ahora. O el sueño estaba fuera, en una noche espesa, larga como la selva oscura. ¿Para hallar una casa de oro necesitamos la oscuridad, el caso, la violencia, el miedo o el silencio?

Volvía cada tarde del colegio a través de las montañas, atravesando bosques asustadores, hiriéndome las piernas en las zarzas y los pies con las piedras puntiagudas. Así veníamos todos. Acercándonos. Hasta que brillaba en el estanque de la tranquilidad nuestro pequeño e íntimo pabellón dorado. No estaba la techumbre fabricada con listones de madera de ciprés, ni hechas las paredes con tablas superpuestas como en pliegues. Sin embargo, podría deslizarse la memoria, resbalar la cubierta que, en su doble vertiente, rodaba a reflejarse en la verdad del lago.

No sabía yo entonces que todos los caminos conducen a la muerte. Solo sendas había y guiaba por ellas esa mano de padre que venía a la altura de los ojos. Era una mano tierna,

---

[163] Templo situado en medio de un estanque en Kioto y donde se guardan las reliquias de Buda. Las paredes están recubiertas de pan de oro y se reflejan en las aguas del estanque. *El Pabellón de Oro* da título a la obra del célebre autor japonés, Yukio Mishima (1925-1970). Este texto debió de escribirse después de que Jorge Urrutia viajase a Kioto hacia el año 2004, donde contempló el pabellón dorado.

era una mano fuerte, capaz de levantar un tejado, de sostener un suelo y de plegar en su orden las tablas del tabique. Una mano tan hábil que erigía al pináculo una casa de música y de oro.

¡Cuánta emoción caminar, entonces, con los árboles que se abrían amables a nuestro paso! Todo se despejaba. Todo se contenía o hacía fácil la vida cuando me avecinaba. La mano estaba allí y, si no estaba, todo lo había previsto para que sucediese solo aquello que sucederse debe.

No había sabido nunca que se es siempre niño. Pero un día, como en un sueño malo, se descubren la selva y el silencio, la oscuridad y el plomo. Pero un día, los ojos ya no ven a su altura la mano. Y buscamos la brújula, cogemos la muleta.

Camino cada noche hacia el templo anhelado de mi felicidad. Albañiles, los hijos ya empezaron la construcción del suyo. Sabemos solo tarde si lo hemos conseguido, si estamos nuevamente ante la entrada del pabellón dorado.

La lengua materna[164]

No estoy seguro de que la lengua materna tenga mucho que ver con la madre. Sé bien, en cambio, que en numerosas ocasiones es la del padre la lengua materna. Para mí, lo que realmente importa es en qué momento la lengua de uno es realmente propia, cuándo las palabras resultan libremente emitidas y no inducidas por las incitaciones de los familiares del entorno. ¿Y si la lengua materna fuese la propia, cuál más personal que la que nos expresa más sincera y plena?

Afirman los estudiosos del lenguaje infantil que lo primero que pronuncia un niño es la duplicación de un sonido bilabial que surge de la posición de los labios dispuestos para mamar. De ahí provendría la denominación de la madre en los distintos idiomas. ¿Se llamará a ese sonido primario lengua materna? Inmediatamente, situándose al otro lado del espectro, me contestarán los defensores del intelecto como ordenador de todas las cosas diciendo que llamamos así a aquella en la que piensa el hablante.

Pero no es cierto que se piense en lengua alguna. La lengua formaliza el pensamiento para poder expresarlo, solo eso y ni más ni menos que eso. Claro que, cuando vivimos

---

[164] La primera redacción de este capítulo se leyó en Tánger en un encuentro de escritores marroquíes en lengua española.

en un ambiente lingüístico determinado cuya lengua dominamos, llegamos a pensar en virtud del idioma que vamos a utilizar. ¿Cuál es, por tanto, la lengua materna? ¿O llamamos así, simplemente, al idioma que mejor conocemos, en el que nos desembrollamos[165] con mayor facilidad? Alguien dijo, incluso, que la lengua materna es aquella en la que se dice «Te quiero», pero fue sin duda un individuo monógamo y poco viajado.

Prefiero acercarme al estante y consultar un famoso diccionario. Doña María Moliner, como suele ocurrir, aprovecha sus volúmenes para informarnos de lo obvio. Así, dice que la lengua materna es la que «una persona ha aprendido de su madre por ser la propia de esta». Podríamos, por lo tanto, deducir que los niños de las inclusas y los orfanatos carecen de lengua materna. Es verdad que también asegura que se llama así a «la de un país, respecto de los naturales de él», extraña frase cuya sintaxis no deja de maravillarme. No se la atribuyamos, sin embargo, a la señora Moliner, porque resulta la definición copia literal del *Diccionario de la Real Academia Española*. Acabo por recurrir a uno de los numerosos diccionarios franceses de lingüística (parece que fueran los franceses los que inventaran, no solo la lingüística, sino la misma lengua) y Jean-François Phelizon[166] ilustra explicando que lengua materna es «la première langue qu'on apprend, qui est souvent celle du pays où l'on est né».

Es una definición que prescinde de cualquier madre real (se refiere a la primera lengua que el individuo aprende, sin cuestionar de quién y cuándo lo hace) y observa que suele ser la más hablada en el país donde naciera el individuo a quien pudiéramos referirnos, dejando abierta la posibilidad de que el niño se traslade a vivir a un lugar distinto del de nacimiento antes de aprender a hablar.

---

[165] 'Desembrollarse': aclararse.
[166] Autor de *Vocabulaire de la linguistique* (1976), obra de referencia teórica para los lingüistas.

No parece necesario entrar en disquisiciones a partir de la amplia casuística que pueda contemplarse. Resulta posible concluir que la lengua materna, probablemente, no es tanto la que nos hace como aquella que nosotros hacemos día a día, con nuestros sentimientos, nuestras habilidades, nuestras experiencias y nuestros caprichos. Por eso, el individuo no se expresa a través de la lengua materna, sino que la lengua materna existe a través de él.

Importante es esto para el escritor, porque ninguno escribe en su lengua materna, entendida esta según los lingüistas. Mejor aún, el escritor no existe verdaderamente hasta que no ha logrado, si no prescindir de ella, al menos sí superar la lengua materna. Desde esta afirmación, no importa si el escritor elige para su obra un idioma distinto del suyo cotidiano, porque solo es escritor por no escribir en cotidiano, sino elaborando su propia y personal práctica lingüística. Que elija una lengua u otra solo es una decisión deducida en virtud de una pericia determinada, de unas capacidades. Así sucede, por ejemplo, con los escritores que saltan, manteniendo un interregno mayor o menor, de una lengua a otra. Samuel Beckett, Jorge Semprún, Ben Jelloun. ¿Qué nos impide decir, dada la perfección con que se mueven en una lengua que no mamaron, que estos escritores usufructúan dos lenguas maternas? ¿O acaso una lo es materna y otra solo madrastrona?

Perdónenme que vuelva la vista atrás y busque las imágenes en mi propio crisol. Cualquier reflexión sobre el presente exige la conciencia del pasado y, para mí, hacerlo texto[167].

Yo jugaba entre las piedras: la gravilla suelta de aquella carretera ascendente y los cantos rodados que distinguían, ya en el pueblo, la teórica calzada de las losas de la acera. Por la noche, cuando volvíamos a casa de visitar a la familia

---

[167] En este momento el capítulo deja de ser un escrito teórico para integrarse en la biografía del autor, lo que justifica su pertenencia a este libro.

(en aquella época siempre se estaba visitando a la familia), oía el serrar de las chicharras o los grillos y el croar de las ranas en un riachuelo estancado. Eran caminos más para caballerías que para automóviles y estos, cuando se cruzaban con otro, necesitaban que uno de ellos apagase los faros para no deslumbrarse. No me pregunten, nunca lo entendí muy bien, pero uno de los autos apagaba sus luces.

Muchas noches volvíamos de casa de unos primos de mi madre que descansaban en la charla, a la caída de la tarde, del enrojecer de los torsos en la fragua y el martilleo, ya agudo, ya seco, sobre el yunque. Me gustaba contemplar cómo se sujetaba entre las rodillas la pata doblada del caballo o del mulo para que el martillo hiciera penetrar en el casco con facilidad los largos clavos plateados, los mismos que luego chispeaban en las piedras del pueblo.

Siempre en las mismas épocas del año retornábamos mi madre y yo. Con ella atravesaba orgulloso la estación para depositar en la redecilla del departamento una maletita marrón con mis tesoros elementales. Luego dieciséis, dieciocho horas en el exprés a través de La Mancha, los olivares jiennenses, las vegas cordobesas, las sierras granadinas y malagueñas, hasta las pitas y los alcornoques del Campo de Gibraltar. Cruzábamos veloces la estación de Jimena, emocionados, para volver a ella, lentos, ruidosos, en el correo de la tarde, con abultado equipaje y una cajita de pasteles comprados en una pastelería del puerto de Algeciras. Éramos unos emigrantes más de una tierra de emigrantes y como tantas familias del pueblo, de todos los pueblos andaluces, reíamos al completo cuando la lluvia de estrellas de agosto cubría la felicidad de los abuelos que contemplaban de nuevo la familia, evidentemente numerosa en su tradición campesina a punto de olvidarse.

A veces, cuando venía mi padre con nosotros, bajábamos del tren de madrugada (¿las cuatro, las cinco?) en una Córdoba dormida donde los pasos sonaban con eco, para recorrer dos días las antiguas calles familiares y detenernos ante la confitería modernista La Perla[168], donde el trabajo de otra abuela sostuvo a una familia cansada y vencida en el más trágico giro de la historia nacional.

Llevo conmigo una Andalucía de recuerdos y de acentos. Y un Madrid que golpeaba aquella brisa del sur que, lamentablemente, ya no aporta el habla gaditana, con sus dialectalismos y sus arcaísmos, nunca perdida de mi madre.

No nos equivoquemos con los recuerdos, no fue más hermoso el pasado. Sucede, eso sí, que incluso en los momentos más difíciles el ser humano encuentra motivo y refugio para la sonrisa. Y, también, que cuando se vive en un sitio, apenas se piensa en él. Como cuando se sumerge uno en una lengua tampoco se piensa en ella.

De mi madre y de la lengua materna quería hablar, pero he caído en lo sentimental, porque me gusta recordar el camino de piedras, el serrar de las chicharras, y el tintineo de las herraduras. Como hubiera dicho Jorge Luis Borges, entre el niño de Jimena o el adulto que vislumbra su vejez, no sé cuál de los dos ha inspirado estas palabras porque el adulto escritor es consciente de que solo fue aquel niño del tren, el camino y la herrería porque no lo era. Me explico: porque no lo era del todo, aunque de alguna manera podría decirse que también lo era. Temo no haberme tampoco explicado, en cualquier caso, es la distancia (Aristóteles decía la extrañeza) la que produce el conocimiento.

Se parecían el día y la noche. Tan solo la respiración era más sosegada bajo las estrellas, cuando volvíamos por la carretera de pasear o de haber visitado a aquellos tíos de mi madre que vivían a las afueras del pueblo. ¿O todos vivíamos a las afueras? Rozaban las suelas de los zapatos la gravilla y me gustaba, conseguido el mismo ritmo de los pasos de todos, fingir un tropiezo para que el ruido cambiase.

---

[168] Famosa pastelería cordobesa hoy desaparecida, aunque permanece el característico edificio de 1924.

Podíamos cruzarnos con alguien que a nuestros deseos de buenas noches respondía, aliviado, «Buenas noches tengáis ustedes»[169]. Perdíase luego, rápido, su concierto de gravilla y suela.

Nos habíamos puesto las rebecas[170] al salir de la casa porque el frescor de la noche se suponía. Cansado del esfuerzo de la jornada, el calor rendíase a una brisa que no sé si llegaba de la sierra o del mar, pero descansaba los cuerpos y distendía los espíritus. Tal vez habríamos cenado antes de salir y alguna voz retóricamente quejosa lamentaba la hora tan tardía para los niños. «Buenas noches tengáis ustedes». De la mano, nosotros, dejábamos flotar nuestro cuerpo agotado en las aguas del recuerdo de las horas pasadas o en la blanda oscuridad que no dejaba adivinar ni siquiera las formas.

El día y la noche se parecían en el ruido del silencio. Un crujido continuo, un roce claro, como un serrar constante de invisibles barrotes, de troncos escondidos, de maderos ausentes, dominaba las horas que el calor sumergía en sí mismo. Una llamada aguda y repetida contestada por otra de inmediato y por otra, y otra más, punteaba la noche como una central eléctrica de espigas y de ramas. Tanto chicharras como grillos venían a ser guardianes, no del centeno[171], sino del silencio. Nosotros nos hicimos a él y lo aprendimos al tiempo que la escuela nos enseñó a sumar y a dividir, a leer y a leernos, a escribir y a esconder los papeles de la vida. «Buenas noches tengáis ustedes».

---

[169] Nótese la conjugación peculiar que dificulta la distinción entre el *vosotros* y el *ustedes,* propia del habla andaluza de determinadas regiones, como se observa en algunos pueblos de la provincia de Cádiz.

[170] Chaquetilla de punto que toma el nombre de la prenda que llevaba el personaje Rebeca en la película del mismo nombre de Alfred Hitchcock, inspirada en la novela *Rebeca* (1938) de Daphne du Maurier.

[171] Alusión a la célebre novela *El guardián entre el centeno* (1951), del norteamericano J. D. Salinger.

Pero yo no acudí nunca a aquella escuela del recodo de la carretera, sino al colegio de la acera de castaños[172], junto al metro y frente al enorme Palacio de Justicia. Mi maestra me hablaba en francés y me ponía unas enormes orejas de burro recortadas en papel amarillo o verde cuando mi vista se perdía por la ventana y buscaba en las ramas de los árboles el eco de las chicharras del pueblo de mi madre. En el colegio recordaba los ecos de la gravilla. Caminando sobre ella era consciente de no pertenecer a aquel mundo del todo. Por eso yo era el único en advertir que el oscuro paseante decía «Buenas noches tengáis ustedes», como el misterioso personaje de *Platero y yo* preguntaba «*¿Ba argo?*»[173]. La lengua de mi madre no era, desde luego, mi lengua materna. Desde la distancia de otro nivel de lengua, yo apreciaba que a mi alrededor nadie decía aquel «Buenas noches tengáis ustedes» que traía el recuerdo de la noche, las chicharras, los clavos y el croar de las ranas en el agua estancada.

Educado en Madrid, mi español no era el de aquel pueblecito de la campiña, en las estribaciones de la sierra de Ronda, con cierto aire de paisaje marroquí y encaminado al Estrecho. Y entré una mañana en la clase. Unos bancos lamían la pared izquierda. La vigilante sosegaba a los niños intranquilos aún de novedades. Yo exclamé, orgulloso de mi originalidad, de una posible seña diferencial: «Buenos días tengáis ustedes».

Las orejas de burro me llevaron a la esquina del aula. Vi a mis compañeros reírse de mí como, con idéntica crueldad, yo me había reído de unos o de otros en distintas ocasiones. Supe que algo estaba roto entre la lengua de la carre-

<hr />

[172] Se refiere al Liceo Francés de Madrid, donde Jorge Urrutia realizó sus estudios primarios y secundarios, y que se situaba en la calle Marqués de la Ensenada, entre las calles Génova y Bárbara de Braganza.

[173] Capítulo II: «Mariposas blancas» de *Platero y yo,* de Juan Ramón Jiménez.

tera y la de aquel colegio de una calle de castaños, frente al silencioso Palacio de Justicia.

Cuando empecé a escribir, dígalo yo bien: cuando empecé a escribirme, tuve que buscar las palabras por todos los rincones de mi casa, las recogí, antes de que cayeran, al filo de los labios de mi padre. En los recodos del pasillo descubrí las olvidadas años antes por el abuelo de la melena blanca y traje en los bolsillos unas cuantas que gritaban los amigos en el patio o las aceras del barrio. Guardé en una cajita, para no perderlas, las cuatro o cinco más bellas que escuchaba a mi madre y las que había robado en el pueblo. Las compuse y ordené como me había explicado la profesora aquella del colegio, la que cruzaba las piernas y provocaba la mirada de los alumnos púberes.

¡Qué curiosa, pues, esta lengua materna que ha olvidado tanto de lo que decía madre que solo conserva algunos guijarros del camino! Qué sorprendente lengua, hija o vasija hecha con mis manos como en la Tierra de Barros las mujeres adornan los botijos, al filo del alfar, mojando en la boca una piedra redonda. Esta lengua vasija que lleva mis sensaciones y mis recuerdos, que los trae hasta aquí, sobre la superficie blanca de la página, esta tarde de invierno en que penetro en el mundo contemplado de niño, cuando bajaba, en el tren humeante hasta el Estrecho. Casi me he sentado en la misma mesa en la que el personaje de Juan Goytisolo, sin patria y sin olvido, aplasta moscas entre las páginas de los autores clásicos. Lope de Vega, ¡plaf!; Calderón de la Barca, ¡plaf![174].

Llegué una vez a Tánger y encontré a un grupo de escritores marroquíes en lengua española, mucho más padres y madres que yo mismo de su lengua de escritores. Adoptaron una que no es tampoco la que de niño les consoló tras

---

[174] Se refiere al principio de *Reivindicación del conde don Julián* (1970), novela de Juan Goytisolo.

una caída, ni les regañó tras la travesura. Esa lengua de los charcos y las peñas, de las caídas y los lloros, del cariño y el enfado, se ha quedado unida al documento oficial de identidad. Y el escritor que en ellos está, decidió fabricarse otra, porque solo por su lengua existe un escritor. Porque solo es verbo y verbo personal.

Elegimos a los amigos, a los compañeros de la aventura de la vida. Y ellos eligieron ser escritores españoles y amigos de los otros que en español escriben en el tiempo, atravesándolo. Como ellos, pero con mayor voluntad y esfuerzo, al acercarse, se distanciaron de la lengua, sabiéndola así menos sentimental, para encontrar la serenidad que le permite a un autor controlar su palabra, distribuir sus ideas. Con ellos, conmigo, con todos nosotros, comparten una lengua materna, la que nos hace escritores. Porque la lengua materna del escritor es la que él elige y construye.

Vamos todos por la misma carretera de gravilla, esperamos a que se crucen los automóviles apagando los faros, sujetamos juntos la pata trasera de la caballería para que le claven la herradura, sufrimos los tratos de Argel y pensamos que las esperanzas cortesanas prisiones son do el ambicioso muere[175]. Somos así, todos, madres y padres de la misma hija.

Y me gustaría decir al mundo: «Buenas tardes tengáis ustedes».

---

[175] Versos iniciales de la *Epístola moral a Fabio,* de Andrés Fernández de Andrada (1575-1648).

Los trenes[176]

Había dos trenes. Uno paraba en todas las estaciones desde la sierra de Ronda hasta Algeciras. Otro cruzaba a toda velocidad las estaciones que despreciaba y los vecinos del pueblo miraban con envidia, alguno casi con odio, bien lo sé yo, a los viajeros que, tras sus ventanillas, los ignoraban. Uno era el correo. El otro, el exprés.

Viajar en el exprés significaba ir lejos, a otro mundo, quienes lo veían pasar fabulaban con llegar a otras ciudades y más allá. Lejos incluso del cuartel adonde fue el hermano mayor a cumplir el servicio militar. Incluso al norte de África. Viajar en el tren correo tan solo permitía visitar a gentes de la familia, aquella tía olvidada que no nos dejaba regresar sin un paquete de embutidos y bizcochos. Toma niño, para las meriendas. Los hice ayer tarde. Así engordas un poquito. Las tías lejanas siempre estimaban que uno tenía que engordar. Ante el exprés, las chicas soñaban con las películas americanas, esas donde aparecían cocinas muy bonitas. En el correo, a lo más que se aspiraba era a un baile en otro pueblo, de esos que se organizaban cuando la novena a la Virgen.

En nuestro pueblo la novena se dedicaba a Nuestra Señora de los Ángeles, la del convento cerca de la carretera. El

176 Capítulo inédito.

baile se celebraba delante de la casa de mis abuelos y, claro está, no había que tomar el correo para llegar. Me encantaba la novena porque nos dejaban a los niños acostarnos tarde y podíamos jugar a policías y ladrones por los recovecos de la estación. Aunque yo no había visto nunca ni un ladrón ni un policía. Claro que los policías eran secretos, si lo sabía yo. Salían en las películas, con sombrero y un bigotito estrecho en paralelo con el labio superior. Guardias civiles sí había visto, incluso un sargento que siempre andaba fumando una colilla y, con el naranjero colgado al hombro, nos miraba muy fijo. El naranjero era un subfusil fabricado en Valencia, tierra de naranjas, que disparaba munición del nueve largo, pesaba cuatro kilos y era utilizado por los civiles (como se ve, he hecho los deberes).

La primera herida del amor

Esta es. La he guardado desde entonces.

Hacía mucho que no nos veíamos. Varios años. Mejor, bastantes años. No se sabe muy bien qué decir a un amigo de adolescencia con quien no nos hemos vuelto a encontrar. Se le pregunta por los padres, por los hermanos que fueron compañeros de juegos y aventuras, se le asegura que está igual, que no ha cambiado nada. El mismo rostro. Similar aspecto.

—No pasa el tiempo por ti.

Se alude al pacto con el diablo.

—Diablos sí que éramos nosotros. ¿Te acuerdas?

¿Diablos? Inquietos, más bien. Alegres. Decididos. Tramposos muchas veces. O inocentes.

—No me había vuelto a acordar de las chapas[177] ni del tejado.

Éramos amigos de las largas vacaciones de entonces. Cuando terminaba el curso, mi madre, mis hermanos[178] y yo marchábamos al pueblo, a casa de los abuelos. Allí encontrábamos a los compañeros de los veranos anteriores, chicos venidos de otras ciudades también a su vieja casa familiar. Los niños del pueblo miraban silenciosos nuestras

---

[177] 'Chapa': tapón metálico de botella de cerveza o refresco.
[178] El autor en verdad no tuvo hermanos.

carreras constantes, nuestro bullicio con ropas limpias y lejanas. Nosotros aparentábamos atrevernos a todo, como si ser de ciudad significase un seguro de vida. Escondíamos el miedo porque no nos parecía civilizado. Huíamos de la precaución y exhibíamos rapidez, decisión, fuerza. Pero la destreza quedaba junto a la sabiduría en las manos de los chicos trabajadores, con los que a veces manteníamos largas y reposadas conversaciones, llenas de preguntas y de burlas, de sospechas que acababan, al fin, en complicidades. Llegué a envidiar aquellas manos tempranamente gastadas y crecidas, incapaces del detalle pero seguras en el esfuerzo. Manos que, como sus dueños, nada ocultaban, sino que todo lo ofrecían al aire.

Elegíamos las chapas quitadas de las botellas de refrescos. Los del pueblo las llamaban latillas. Buscábamos las menos deformadas, que asegurasen una superficie lisa. Íbamos con ellas cada mañana a la prohibida curva del ferrocarril, aparentábamos desconocer el peligro, y las situábamos en fila sobre los raíles. Esperábamos. A las diez y media pasaba el correo. Lento. Crujían sus maderas y metales al llegar a nosotros y nos despreciaba al girar, majestuoso y renqueante. Recogíamos luego las chapas, aplastadas y planas, ya láminas circulares, platillos de una inútil balanza.

En el patio de las piedras redondas sabíamos el sitio justo, a la izquierda del pozo. Tirábamos las latillas con fuerza, buscando que superasen la cresta del tejado. Había que lanzarlas levemente inclinadas, para que cortaran el aire y se apoyaran en él al elevar el vuelo. Yo no lo conseguía nunca. Las mías chocaban con las tejas y rodaban hasta el canalillo del desagüe, donde permanecían en reunión y número creciente.

Pero él siempre lo conseguía. Era algo mayor que yo y eso me servía de consuelo. Era hermoso contemplar cómo volaban sus chapas, superaban alegremente el tejado y, frente a la otra fachada, en un llano inmenso donde jugaban las chicas a la comba, verlas surgir livianas y ascendentes, por encima de las tejas, para planear en el calor del mediodía y rodar luego por el cemento triste.

—Toma, creo que te gustará esta chapa.

Mi padre llegó al pueblo después de un viaje a Francia y, junto a unos maravillosos y nunca vistos indios de plástico, me trajo una chapa verde. De cerveza. Stella Artois[179]. Me gustaba decirme que demostraba cómo papá pensaba en mí más allá del tiempo que dedicaba a buscar los regalos que traía a cada uno de la familia.

Un día me decidí a poner la chapa verde en el raíl. El tren pareció frenar, como sintiendo aplastar una latilla tan brillante, tan hermosa y extraña. La recogí amoroso. Perfecta en su círculo. Impecable en su perfil mínimo. Corrí a lanzarla por encima del tejado. Se elevó grácil, maravillosa, como un pájaro. Eché a correr. Rodeé la casa. Allí, en el llano, estaba ella al sol, brillante y verde. La recogí con cuidado, casi con mimo. Comprobé que estaba sin herida alguna. La guardé en el bolsillo y crucé orgulloso por delante de todos. Había conseguido superar la altura de la casa. Había triunfado.

En los días siguientes, no salió la chapa verde de mi bolsillo. No quería ponerla en peligro alguno. Las otras que lanzaba, grises, rosas, blanquecinas, de un verde sucio y mate, golpeaban las tejas y caían rodando al canalón avariento. Él, en cambio, conseguía casi siempre superar el tejado.

No pude aguantar más. Decidí retarlo.

—Esta vez lo consigo.

Sonrió. Nos preparamos. Tiraríamos juntos. Acaricié la chapa milagrosa y verde en el bolsillo. Me decidí a hacerlo. ¡A la de una! La sujeté con fuerza, clavándome el borde en el dedo índice. ¡A la de dos! Echamos el brazo atrás y centramos el esfuerzo en mordernos el labio. ¡Y a la de tres! Allá fueron con ansia. Se elevaron. Las perdimos de vista.

---

[179] Marca de cerveza belga.

Un ruido. Un rodar por las tejas. Un desánimo. Él soltó una carcajada triunfante. Yo en mi silencio. Y un grito. Oímos un grito al otro lado. Luego un lejano llanto.

Echamos a correr y, en el llano, la vecinita rubia que yo espiaba por las noches desde la ventana, mi amor secreto y deseado, lloraba sin saber si retirar con la mano la sangre que brillaba, roja y fresca, en el puente de su mínima nariz. Él se acercó.

—Perdona. No lo pensé. ¿Te duele mucho? Te acompaño.

Ella lo miró. Sonrió brevemente y se marcharon juntos.

No volví al verano siguiente. Ni al otro. Murieron mis abuelos y dejé de ir al pueblo en vacaciones. Solo una larga conversación con mi nuevo compañero de despacho permitió que nos reconociéramos.

—¿Qué fue de ella?

Nos hicimos novios tiempo después. Acabamos casándonos. Hace ya doce años. Acaba de dejarme. Todo ha sido tan doloroso... Llevo siempre conmigo la dichosa chapa con que empezó todo. Esta es. La he guardado desde entonces.

Estaba allí. Aún brillante en su herido verde. Stella Artois. La chapa. Tan bonita.

[Nunca lo contó mi madre][180]

Era una foto suya. Sin duda. Me lo ha contado el francés. Estaba oscuro. Cayó la tarde y no sé si la mueca de su rostro era sonrisa o llanto. Sumido andaba yo en la sorpresa. No en la incredulidad, que la vida de Jimena todo puede ocultar o desvelar. Mi padre murió con una foto de tu madre en la cartera, aquí, en el pecho, junto al corazón. Por ella se jugó la vida varias veces, fue y vino, volvió y huyó, tornó, retornó. Yo no entendía nada, porque nunca se entiende lo desconocido. El hijo siempre cree que los padres

---

[180] Frente a otros capítulos en cuyo título la madre aparece escondida tras el pronombre *ella,* en este caso, tal vez por ser tema más íntimo o personal, se explicita el antecedente.

Este capítulo, inédito y escrito con posterioridad, surge de la lectura del libro de Juan Ignacio Trillo Huertas, *La herida de Leopoldo en el paraíso del sur* donde, en las págs. 61-62 se cuenta una anécdota desconocida y no totalmente verificada para el autor del libro que editamos. Según Trillo, un antiguo novio de la adolescencia de Mariquita, enterado de su boda, regresó clandestinamente desde su reciente exilio en Francia, sin documentación, arrostrando todos los peligros, para pedirle que no se casara. Ante la respuesta de que no había habido más que un enamoramiento adolescente cuatro o cinco años atrás, él emprendió el camino inverso, pero fue detenido, ingresado en el penal del Puerto de Santa María y conducido a un batallón de castigo en Navarra de donde se fugó y logró pasar de nuevo clandestinamente a Francia. Allí siempre habría sostenido que la mujer de su vida era Mariquita y conservando hasta su muerte, en 1986, una foto suya. Jorge Urrutia ha llegado a conocer al hijo francés de este exiliado.

son transparentes y, poco a poco, va descubriendo callejones y recovecos. No juzga, ni siquiera opina. Absorbe lo que llega a saber. Lo olvida, tal vez. Lo coloca en uno de los estantes del cerebro, aquellos cajones que pintara Dalí. Unos se cierran, otros se abren, aquellos permanecen a medio abrir. Los últimos se vuelcan. Se jugó la vida por ella, insiste. Pienso que Mariquita quedó en el pasado. Ella fue siempre, para mí, mamá. Para mi padre, Maruja. ¿Mariquita se durmió en la niebla? Pero si todo es cierto, José fue un osado y romántico caballero, vestido con su armadura reluciente, víctima de todas las derrotas —tal vez cruzase a nado el Ebro en la avanzada republicana—, que pensaba en Mariquita desde un campo de concentración mientras Leopoldo pensaba en Maruja entre sus propios barracones. Que José fue derrotado de nuevo tras huir, escaparse, fugarse, cruzar la frontera, retornar, que el amor es más fuerte que la vida. Y mi vida nació de su derrota, como la vida del francés que sumerge su mirada en la copa de vino surgió también de la derrota, pues la vida siempre nace de la muerte. ¡Crueles son la historia y la aventura! Volveré, ya sabes mi paradero, el frente de Gandesa, la línea de fuego. Si me quieres escribir...[181]. Voy, no me conoces aún, me traerás agua, te visitaré los domingos por la tarde mientras los vascos también recluidos en el campo de concentración cantan *Maitechu* en una esquina, con la mirada oculta del requeté curioso y vigilante, te hablaré de poesía. Largo camino haré desde San Pablo de Buceite[182] a Jimena de la Frontera. Más hice yo, a salvo ya en Mont-de-Marsan, para llegar al sur. El amor no se cuenta por kilómetros. Su inten-

---

[181] Fragmentos de una canción muy popular en la guerra civil española: «Si me quieres escribir / ya sabes mi paradero, / en el frente de grandeza / primera línea de fuego». Es adaptación de otra canción popular.

[182] San Pablo de Buceite es una pedanía de Jimena de la Frontera. Allí se instalaron algunas dependecias del campo de concentración donde estaba Leopoldo.

sidad no pesa, no talla, no mide. «Negras tormentas agitan los aires, / nubes oscuras nos impiden mirar»[183]. El amor ilumina, pero también nos impide ver. «El bien más preciado es la libertad, / luchemos por ella con fe y con valor». Llego, diría, hasta las barricadas por mi libertad. «¡A las barricadas! ¡A las barricadas!». Leopoldo te confesará que «en la cuna del sueño / la ilusión nueva a la esperanza mece. / La esperanza, beleño[184] / que tu afán adormece / mientras la rosa de tu sangre crece»[185]. Ofreció su salvación a la salvada ¿Quién resistirse puede a las propiedades narcóticas del beleño? Por eso nací yo, en el portal amable del beleño[186].

---

[183] Estos y los inmediatamente siguientes son versos del himno anarquista *A las barricadas*.

[184] 'Beleño': planta solanácea que es toda ella, y en especial su raíz, narcótica.

[185] Versos que pertenecen al poema «Joven madre», incluido en el libro de Leopoldo de Luis *Alba del hijo* (1946). La esperanza calma la inquietud de la futura madre.

[186] Hay aquí un juego entre el «portal del beleño» y el «portal de Belén», que obliga a recordar el famoso poema de Juan Ramón Jiménez: «Cuando yo era el niñodios, /era Moguer, este pueblo / una blanca maravilla, la luz con el tiempo dentro».

Vida con M. B.

A Marlon Brando[187] no pude verlo de niño. Su rostro era para mí una foto en los periódicos o en las cristaleras de reclamo en la fachada de los cines. Hablaban mis padres de él. Sobre todo mi padre, fascinado por *Un tranvía llamado deseo,* aquella sólida película que dirigiera Elia Kazan[188] en 1951 donde Stanley Kowalski defendía una visión realista y fuerte del mundo. Creo que a mi padre le atrajo la película, sobre todo, porque adaptaba una pieza de Tennessee Williams[189], que había dirigido en un escenario de Broadway el propio Kazan y que Brando, alumno de la escuela de interpretación de Stella Alder[190], llegó también a protagonizar en 1947. Mi padre compró la obra, traducida junto a *El zoológico de cristal* y *Verano y humo* en un tomo de la editorial Losada, del mismo 1951. Lo recuerdo bien, hermosamente encuadernado en piel. El libro estaba prohibi-

---

[187] Marlon Brando (1924-2004) célebre actor estadounidense.
[188] Elia Kazan (1909-2003) director de cine estadounidense de origen griego.
[189] Nombre artístico de Thomas Lanier Williams III (1911-1983), conocidísimo escritor estadounidense, autor de célebres piezas teatrales, como *Un tranvía llamado deseo* (1947), que adapta al cine Elia Kazan,
[190] Stella Alder (1901-1992), célebre actriz de Hollywood, hija de actores también muy conocidos, quien recibió clases con Kostantin Stanislavski, es considerada como de las mejores profesoras de interpretación. Fundó la escuela de teatro que lleva su nombre.

do en España y solo se encontraba encuadernado y, por lo tanto, a mayor precio.

También hablaban mis padres de *La ley del silencio,* un título cargado de sobresignificaciones en aquellos años españoles. Ferry Malloy (Brando) comprende que no puede permanecer callado, sino denunciar el crimen que conoce. Claro que Kazan, el director, tal vez quisiera justificarse como delator ante el tristemente célebre Comité de Actividades Antiamericanas[191], pero en España la película incitaba a la acción política.

Un día pude al fin ver a Brando de cuerpo entero y en movimiento porque la película era tolerada para menores. Con la marcialidad aprendida en sus años de escuela militar, encarnaba al capitán del Bounty[192], un barco que navegaba hacia Tahití para buscar fruta y encuentra un paraíso que se revela imposible. Fuimos mi madre y yo, una tarde emocionante, al cine Metropolitano, en la avenida de la Reina Victoria, mientras mi padre siguió descendiendo la calle, camino de Velintonia 3[193]. Era una película correcta de un ruso expatriado, Lewis Milestone, uno de esos productos de Hollywood que llegan a la dirección cinematográfica por el peso del trabajo bien hecho en los distintos oficios de los estudios.

Luego admiré al personaje deshecho moralmente de *El último tango en París*[194], o al traidor convencido de su

---

[191] Comité dirigido por el senador Joseph Mc Carthy, cuyo propósito era perseguir las actividades consideradas comunistas en los Estados Unidos.

[192] Barco de la Marina Real Británica en el que se produjo un motín en 1789, en medio del océano Pacífico, que inspira la película *Rebelión a bordo* (1962), dirigida por Lewis Milestone y protagonizada por Marlon Brando.

[193] Calle situada en la colonia Metropolitana, donde vivía el poeta Vicente Aleixandre y donde lo visitaba asiduamente Leopoldo de Luis. Esta calle sale del paseo de Juan XXIII, enfrente de la Escuela Diplomática, es decir, al final de la avenida de la Reina Victoria. Hoy la calle lleva el nombre del poeta.

[194] Película de 1972 dirigida por Bernardo Bertolucci.

inutilidad en *Julio César*[195], o al escéptico cruel de *Apocalipsis now*[196], esos grandiosos personajes que, desde la cima de su triunfo, conocen la proximidad de su fin y lo enfrentan con dignidad, que gustó interpretar Marlon Brando. Pero él será siempre, para mí, un rostro sudoroso, inmóvil, en una fotografía sujeta con puntillas negras en el corcho de la vitrina.

Ya no existe Elia Kazan, Marlon Brando tampoco; no existe el Metropolitano, ni puede ya mi madre acompañarme al cine; aquel niño que yo era hace tiempo que dejó de existir. Como dijo Miguel Hernández, se está poniendo el tiempo amarillo sobre mi fotografía[197].

---

[195] Película de 1953, dirigida por Joseph L. Mankiewicz.
[196] Película de Francis Ford Coppola, basada en el relato *El corazón de las tinieblas,* del polaco Joseph Conrad (Józef Teodor Konrad Korzeniowski), quien adoptó el inglés como su lengua literaria.
[197] Final del primer poema de *El rayo que no cesa* (1936), de Miguel Hernández.

Memorias[198]

Dudé algún tiempo sobre si debía empezar estas memorias por el principio o por el final. Pero solo dudé eso, un momento. No importan mis memorias, sino los protagonistas que contemplo y los retazos del ambiente en que me hice. Ellos y ello. Ni todo ni nada, lo que en cada instante el escritor decide.

¿Eso es mentir? Si ocultar parte de la verdad lo es, ando mintiendo en cada página. Solo por la mentira existe la literatura y en esta sí que voy poco a poco avanzando, en contar una historia fragmentaria que el lector una luego con el pegamento de sus propios recuerdos y la amalgama de sus fantasías. Y mentir, mentir realmente, nada tiene que ver con lo que se dice o no se dice, sino con lo que importa al lector la verdad primigenia.

Y digo yo, señoras y señores del jurado, ¿le importa a alguien lo que fue de mí, si de mí se tratare en estas páginas, o más bien los lectores se interesan por el mundo iniciático que va elaborándose, sustentado por el andamiaje de la prosa, línea tras línea, en el libro presente? ¿No lo he titulado acaso con la advertencia de que trata de una vida que pudiese no haberse vivido? Pero ¿una vida no vivida es aca-

---

[198] Este capítulo viene a constituir una teoría de la autoficción, no desde la crítica, sino desde la propia escritura.

so una vida o una simple falacia?[199]. Nos agarramos, tabla de salvación, clavo ardiendo, brocha que pinta[200], a la notable posibilidad de la existencia y buscamos la casa de Dulcinea, la silla de Des Esseintes[201], la isla de Crusoe[202], el beso de Margarita[203] —Gautier, por supuesto— para encontrarles razón a nuestras ansias. Y así pudiera yo vivir en el antojo de un amigo lector, de un perdido lector que en estas páginas encontrase camino, meta, emoción y reposo merecidos.

Dudé durante algún tiempo sobre si debía empezar estas memorias por el principio o por el final, es decir, por mi nacimiento o por mi muerte. De ninguno de estos hechos guardo memoria ni quiero acordarme. Ambos son mi anchuroso y secreto lugar de La Mancha. Además, sería ingenuo que explicase los motivos por los que unas memorias son siempre incapaces de enlazar la propia cuna con la no menos propia sepultura. Aunque es verdad

---

[199]   Véase aquí el recurso retórico mediante el cual el narrador se dirige al lector buscando su complicidad fuera del texto, apuntando a un yo, que pareciera liberarse del autor para establecer un diálogo íntimo con el lector y confesar sus dilemas.

[200]   Enumeración de términos que forman parte de expresiones populares: la tabla de salvación que flota para el náufrago; el clavo al que se sujeta, aunque queme, quien tiene que salvar una dificultad; e, irónicamente, se alude a la broma de agarrarse a la brocha con la que se pinta porque alguien va a retirar la escalera donde está el pintor.

[201]   Personaje principal de la novela de Joris Karl Huysmans (1848-1901), *À rebours* (1884) de enorme influencia en la llamada novela de artista que cultivo la vertiente más decadentista del Modernismo. Se le atribuye a Des Esseintes, la idea de que no merece la pena ponerse en marcha cuando se podría viajar espléndidamente sentado en una silla (*À quoi bon bouger, quand on peut voyager si magnifiquement sur une chaise?*).

[202]   *Robinson Crusoe* (1719), novela del célebre escritor inglés Daniel Defoe (1660-1731).

[203]   Margarita Gautier, personaje principal de la célebre novela *La dama de las camelias* (1848), del francés Alejandro Dumas, hijo (1824-1895). La enumeración se refería a los imposibles.

que Brás Cubas[204] redactó unas memorias póstumas y completas. Se vio obligado a escribirlas porque, al carecer de hijos, no pudo trasmitir a ninguna criatura el legado de la miseria.

---

[204] Se refiere a *Memórias pósthumas de Brás Cubas* (1880), del escritor brasileño Joaquim Maria Machado de Assis (1839-1908). En la biblioteca del autor se encuentran varias ediciones, entre ellas, la edición especial para bibliófilos con ilustraciones de Candido Portinari (Río de Janeiro, CEM Bibliófilos do Brasil, 1943). La obra rompe con la lógica de lo narrado, ya que se supone que quien narra está muerto, lo que impide, como suele ocurrir, que se confunda al narrador con el autor.

De puntillas

Se acercó a la ventana; miró hacia los árboles del bulevar[205]. Tendría que tirarme, hijo, y ya no molestaros. Me había hecho prometer —¿cuántas veces desde entonces?— que no volvería a entrar en un hospital; promesa silenciosa y cómplicemente incumplida una y otra vez. Era, fue siempre, su obsesión no incomodar, no causar a nadie ningún inconveniente, ni siquiera a los más próximos. Tú tienes muchas cosas que hacer, vete, no te preocupes. Los dos sabíamos que acompañarlo solo era posible dejando compromisos, alterando citas pendientes. Está todo resuelto, padre, no ocurre nada; esta noche vendrá tu nieto. Una noticia que apenas tranquiliza. El chico también tiene sus cosas; aquí no descansa; a ver si se duerme en el trabajo y le llaman la atención.

El tiempo, el trabajo bien hecho, los libros de los demás, eso era lo importante; él no quería contar. Al complicarse su enfermedad, volvía con frecuencia a conversar sobre la muerte buscada. Tal vez por eso leía tanto a Cioran[206] en

---

[205] El sanatorio donde murió Leopoldo de Luis estaba situado en la madrileña calle Juan Bravo, que es un bulevar.

[206] Emil Cioran (1911-1995), escritor y filósofo rumano, que adoptó, en la mayoría de sus obras, la lengua francesa y se suicidó desde un puente sobre el río Sena. Leopoldo de Luis leyó asiduamente en sus últimos años libros de Cioran. De *Desgarradura,* Barcelona, Montesinos, 1983,

los últimos años y le gustaba hablar de los puentes sobre el Sena.

Estamos hechos de obsesiones, pequeñas o grandes, y la vida acaba pareciendo un chocolate amargo que muestra su sabor y deja en la boca, tras cada sorbo, un extraño regusto. Para él, lo principal fue no dificultar la vida cotidiana de los otros. Cuando murió Mariquita y esa terrible sorpresa temida aunque no esperada lo dejó sin comprensión del mundo durante meses, quiso vivir solo por no alterar los hábitos de la familia. Acumuló argumento sobre argumento para justificar su decisión, tantos que no sabremos si ese era su deseo o únicamente la voluntad de convicción. Peor que la soledad, sin duda, hubiera sido sentirse culpable de cualquier desavenencia entre los demás. Continuó su disciplina de levantarse al alba, sostener un estricto y puntilloso aseo personal y leer filosofía o literatura clásica hasta que, horas más tarde, la asistenta llegase a la casa y preparase el desayuno.

Casi no se tenía ya en pie, sin embargo, una mañana, durante unos minutos en los que permaneció solo en la habitación de la clínica, se arrancó el conducto del suero, se levantó, abrió la ventana y buscó el modo de inclinarse desde aquella séptima planta. Yo ya no sirvo para nada, hijo. Ninguna argumentación despliega convencimiento cuando suena a función retórica. Todos te necesitamos; ¿qué puedo decir de esto a tus nietos? Mis nietos... Quedó en suspenso la frase. Maganto, se dejó conducir hasta la cama[207]. Quiere vivir —sentenció el médico—, tal vez reclamaba atención. Pero la tarde antes de morir consideraba

---

toma la afirmación «Existir es un plagio», que sirve de epígrafe a uno de sus poemas finales: «Todos tuvimos / de la misma manera. Respiramos, / llevamos en los brazos frescos ramos / y en pozos de tristeza los hundimos» (*Cuaderno de verano, 2005. Últimas notas,* Madrid, Editorial Biblioteca Nueva, 2005).

[207] 'Maganto': triste, pensativo, macilento.

mentira que el suicidio fuese una cobardía. Hay que ser muy valiente, hijo, yo no me he atrevido. Aquel médico no leía a Camus y aún menos a Cioran. La tarde se alargó como los relojes dalinianos que tanto le gustaban. Sin cesar repetía que le diera de beber. Gritaba: esperadme, quiero llegar al agua. Flotó por mi memoria el agua de la estación aquella en que todo se iniciase de nuevo. Llegó el dolor intenso, la agotadora atención de los médicos, las sondas, el sedante. Abrió muchos los ojos y parecía pedirme una imposible ayuda. La calma paulatina no fue sino un apagarse lentamente.

Vicente Aleixandre, en *Los encuentros*[208], destaca su prudencia y su elegancia. Llegaba y se iba de las reuniones, ni el primero ni el último, sin ser notado, como de puntillas. Así vivió siempre, buscando el agua, ocupando el menor espacio, casi sin apoyar la planta de los pies en el suelo, para dejarnos a los demás el mayor sitio posible.

---

[208] *Los encuentros,* libro en prosa de Vicente Aleixandre, Madrid, Editorial Guadarrama, 1958, con ilustraciones del pintor Zamorano, en el que le dedica un capítulo a Leopoldo de Luis: «Leopoldo de Luis, atentamente», págs. 275-281.

Contemplación distraída
en la ventana

No creo, con estos recuerdos, caer en la nostalgia de un mundo al que quisiera volver. Tampoco me regodeo en melancolía alguna. Deseo tan solo permanecer en mi presente, perdurar en la tranquilidad de alma que me producen. Sé así que pertenecemos a la vida mis personajes y yo, con su pequeña y transcurrida historia que contemplo. Es un viaje, el que hago, que se ha desprovisto de paisaje todo.

No me pregunto por qué ni para quién escribo. ¡Qué absurdo! Escribo, simplemente. La pregunta podría tener sentido si fuera: ¿para quién publico? Pero, en cambio, no tendría importancia, porque no importa para quién se publica, sino quién es el comprador del libro. O quién escucha. Conteste cada lector.

El caso es que ya les he contado que empecé a escribir, disgustado por el agua salada, y un día descubrí el placer, no de lo que decía mi página, sino del propio hecho de escribir. Comprendí que la importancia radica en la escritura, en la posibilidad de hacer mía, siquiera por una vez, la palabra.

Me gusta ese robarle la palabra a la comunidad y dejarla luego a su aire, ya distinto que del que poseía cuando yo la raptara. Ese es mi modo de ser comunitario, de ser comunista, de participar individualmente en el empeño común de transformar el lenguaje con el trabajo de la escritura.

Contemplo sí, esta mañana temprano, con el cielo aún gris, apoyada mi mejilla en la falleba[209], en uno de estos días de primavera, cómo hago pasar las palabras mostrencas por el tamiz individual. Pasan hombres y niñas, se iluminan los rostros como en un escenario y me miro escribir.

Si Juan Ramón Jiménez buscaba el nombre exacto de las cosas[210], yo me conformo con encontrar el nombre exacto de las palabras.

---

[209] 'Falleba', varilla de hierro acodillada en sus extremos, sujeta en varios anillos y que sirve para asegurar puertas o ventanas.
[210] Referencia a un famoso poema del libro *Eternidades* (1918), de Juan Ramón Jiménez.

Conjugación en verano histórico

He pisado de nuevo las calles de Jimena y nadie me conoce. Tal vez alguno me recordaría, pero no me encuentra como soy en su memoria. He visto el limonero. La casa está desierta. El fondo de colinas aún resiste y el río lleva el agua fría con que corté mi piel.

Hoy he venido con las herramientas. Buscas el naranjo, me había dicho mi madre, y a las seis de la tarde de mediados de julio miras sin dudar al sol. Das siete pasos de frente y dos más a la izquierda. Cavas. Encontrarás la caja de dulce de membrillo. Es de lata. Están dentro los libros del marido de mi tía María. Él era anarquista y lo convencimos para que los escondiera.

No he encontrado el naranjo. ¿También se habrán perdido las ideas? Con las armas de caza defendieron pensar desde el castillo. Allá donde pasaban jabalíes y corzos se agruparon las tropas coloniales. Dicen que varios días olió a carne quemada. He tenido en la mano las gafas renegridas del alcalde. No queda ya la tierra en que clavó sus dientes.

He pisado de nuevo las calles de mi infancia y solo me conocen las adelfas.

Agestión[211]

Gibraltar desde punta Carnero.

El mono

Algo nos salvaría. Algo nos llevó en volandas durante aquellos años tan rastreros. Tendrían que haber sido como un mar en la niebla. Sin límites que el ojo percibiera. Sin luces definidas.

Pasillos de hospital. Aulas con hierros absurdos creciendo en las paredes. Árboles siempre en el otoño. Constantes referencias a críticos viejísimos. Aburrimiento.

Acudíamos a clase. Sin falta. Esperanzados. Devorábamos las frases que apenas si tenían alimento. Discutíamos como no se discute. Descubríamos.

Y nos salvó el humor sin duda.

El viejo profesor no era un anciano. No ofrecía aspecto respetable. No ofrecía.

Habló de Darwin cuando el otoño tendría que haber estado en el inicio y, airado, se negó a provenir del mono. Qué entendiera de Darwin no supimos, pero tampoco dijo qué rascaba su mano.

Inconveniente no hay —aseguraba— en que desciendan Darwin y su padre de los monos, pero nunca nosotros. Lo declaraba así, él que era un simio, aunque vistiera su ignorancia con trajes de bufones y argumentos.

Fue sin duda el humor el salvavidas del otoño continuo. Porque, eso sí —me lo dijo padre en la casa de fieras—, descendió siempre del mono la caricatura.

Memorial de Santa Elena[212]

Oigo a un pájaro. ¿Qué pájaro? Aves y plantas siempre fueron para mí un misterio. Oigo a un pájaro en un árbol. Pero, bien mirado, no hay árboles aquí. ¿Dónde oigo, pues, cantar a un pájaro? ¿O no oigo pájaro alguno y solo es un ensueño de mi deseo de oír pájaros?

Si hubiera oído de verdad a un pájaro sabría que no estoy solo, aquí, entre estas rocas que el viento azota y el mar entenebrece. Podría en ese caso recordar a san Francisco y dirigirme al pájaro diciendo: Hermano pájaro, buen día. Me gusta escuchar tu canto desinteresado. No pienso que silbes tan solo para fijar tu espacio o para atraer a alguna hembra despistada. Me gusta escucharte y apreciar el ritmo de tu canto, los agudos que logras allá sobre tu rama, en equilibrio para mí inestable. Tal vez el pájaro me contestase y, supongamos, ambos nos entenderíamos y pudiera incluso ocurrir que iniciásemos una entretenida conversación en la que el pájaro me hablara de sus largos viajes, me contara costumbres exóticas y me describiera paisajes maravillosos siempre contemplados, es natural, a vista de pájaro. Por mi parte, le hablaría de mi cuarto que las paredes clausuran, de mis absurdos hábitos y de los

---

[212] El autor leyó en 2001 el libro de Julia Blackburn, *The Emperor's Last Islands* (1991), en su versión portuguesa, *A Última Ilha do Imperador,* Lisboa, Temas e Debates. En la isla de Santa Elena murió Napoleón.

libros que abren ventanas, ventanas y ventanas desde las paredes lisas.

Pero no llego a saber si he oído de verdad a un pájaro, si realmente solo él interrumpe este silencio proclamado de la tarde. Aunque llamamos silencio a un ronquido lejano de gritos y de tráfico, a un mal respirar del horizonte. Estoy frente al mar, azotado he dicho por el viento, y su danza continua también es un ronquido del tráfico del mundo, del respirar continuo de la tierra.

Supongamos que aquí, entre estas rocas, frente al mar, con el viento en la cara, sabiendo que a mi espalda hay casas que aún no son casas y, más lejos, una colina incultivada, oigo a un pájaro que me dice que no estoy solo, que tengo alguna compañía. Respiro. Me siento feliz por un momento y, no se extrañen, me detengo a pensar en el silencio que rodearía a Napoleón en Santa Elena[213], ya vencido, solo consigo mismo en una isla lejana, condenado a verse olvidado por un mundo que tanto lo temiera. Lejos está por fin de tanto ruido como el corso patentara.

Está en Santa Elena, pues, y oye a un pájaro. Más fácil hubiera sido oír a alguna cabra. João da Nova descubrió la isla el 21 de mayo de 1502[214]. Hace hoy, precisamente, cuando estoy sentado frente al mar y cara al viento, quinientos años. La recorrió. La encontró desierta. Abandonó en ella una pareja de cabras en previsión de escala en un retorno que jamás se produjo. Proliferaron las cabras. Miles de cabras invadieron cada colina, cada otero, cada montículo, como las ramas de un ficus que trepasen por los muros de

---

[213] Famosa isla prisión donde fue recluido Napoleón entre 1815-1821 y perteneciente al Reino Unido. Está situada al sur del continente africano separada del punto continental más cercano, la costa angoleña, por una distancia de 1800 kilómetros.

[214] El español Juan de Nova o João da Nova (Maceda, Orense, *ca.* 1460-Cochín, India, 1509), estuvo al servicio del rey portugués y fue quien encontró en la isla el único lugar donde podían fondear los barcos y tomar tierra sin escalar los acantilados.

Trino Cruz[215] en Gibraltar, abrazando las antiguas y agotadas máquinas de empacar tabaco, rompieran los cristales y dijeran: «¡Aquí estoy! ¡Aquí estoy! Existo. Soy la verdadera fuerza del trabajo». Gritan todas las ramas, las hojas, los pedúnculos y crece el ficus invadiéndolo todo, las cabras saltando de risco en risco, de roca en roca, ficus, cabras, con fuerza irresistible están, lo pueden todo, lo devoran. Rosas, hombres, dijo el poeta, creced, multiplicaos[216]. Así hicieron las cabras y los ficus.

Más fácil hubiera sido, dije, oír a una cabra, pero es posible que los soldados ingleses de la guarnición ya las hayan matado a todas, las cazaran en réplica de la caza del zorro. Tan aburridos allí, en Santa Elena, tan lejos de sus prados y sus castillos con torres de ajedrez, los oficiales vestirían la chaqueta roja y montarían a caballo, las trompas asustando a las cabras y las jaurías de perros que despertaron temprano al que fue el Emperador, el muy temido Emperador que de otra isla vino y extendió su sueño por Europa y se subió a la pirámide, contempló como un pájaro y dijo que no son nada los años transcurridos y exóticos.

Pero no sé si había cabras en Egipto. Trepó el Emperador, eso sí, a la pirámide y desde allí oyó a un pájaro. Tan simple. La caza de las cabras vino luego.

Quedamos en que estábamos él o yo, o los dos, sentados en una roca, ya no en puntiaguda cima de pirámide, frente al mar, con el viento en la cara y un pájaro... ¿Qué pájaro? Si el viento venía del mar no se pudo oír al pájaro, tapado su débil piar por el ronco suspiro de las olas, y tampoco en

---

[215] Trino Cruz (1960), poeta gibraltareño en lengua española, cuya familia poseía una fábrica de tabaco en la Roca. Jorge Urrutia le dedica el poema «El sueño de Agamenón» de su libro *Ocupación de la ciudad prohibida*, Madrid, Calambur, 2010.

[216] Se refiere al poema de Ramón de Garciasol: «Arenga a las rosas y a los hombres», que comienza: «Rosas, creced, pujad, multiplicaos / hasta invadir las cajas de caudales, / hasta impedir las ametralladoras...».

un árbol porque no hay árboles ni en el mar ni en la tierra, como sabíamos y ya hemos observado, salvo que del mar viniera. ¿Qué pájaros llegan del mar que canten y no graznen? Sabe el lector que no soy ducho en pájaros ni en plantas, pero, estimo, no sería hermoso incorporar aquí, junto al Emperador y a mí, un pájaro graznando. Las normas literarias tienen su importancia, pretendo respetarlas y el albatros[217] del poeta francés fue cosa diferente. El pájaro que nos acompaña desde el principio cantaba y pudo hablar conmigo de los hermosos paisajes que había visto y de los hábitos curiosos de los pueblos lejanos. Un ave migratoria tuvo que ser, de brillante plumaje y canto delicado. Mas eso sí, un pájaro pequeño, frágil en apariencia, que acompañe cada mañana desde el jardín. El Emperador cuidaría sin duda de un pequeño jardín en Santa Elena. Algo mayor que el patio de Trino Cruz que ustedes conocen, donde el ficus crece, o crecía, desde un tonel que rodó por el mundo para invadirlo todo como las cabras y las rosas y los hombres, pero un jardín chiquito, en el que el derrotado general y el pájaro puedan permanecer juntos, en la intimidad mas sin molestarse.

Estamos en la roca. Santa Elena tal vez. El mar. El viento. Pudiera ser también el pájaro que viniese del mar. Han huido las cabras o se las han comido los ingleses. En 1515 fue abandonado en la isla Fernão Lopes[218]. Un castigo.

---

[217] Se refiere al poema de Charles Baudelaire «L'Albatros» de *Les fleurs du mal,* en donde el poeta es comparado con el ave: «Le Poëte est semblable au prince des nuées / Qui hante la tempête et se rit de l'archer; / Exilé sur le sol au milieu des huées, / Ses ailes de géant l'empêchent de marcher». En traducción de Javier del Prado: «El poeta es igual que el señor de las nubes, / Que habita la tormenta y ríe del arquero; / Exiliado en la tierra, en medio de las burlas, / Sus alas de gigante le impiden caminar», Charles Baudelaire, *Poesía completa,* Madrid, Biblioteca Universal Espasa, 2000.

[218] Fernão Lopes existió realmente. Fue un marino portugués castigado por desertor en Goa. Tras ser torturado se le abandonó en la isla de-

Además, le habían cortado la mano derecha, arrancado el pulgar izquierdo, amputado la nariz y las orejas y desollado el cuero cabelludo. No creció. No se multiplicó. No invadió. Tampoco quiso abandonar la isla cuando llegaron otras naves. Los hombres habían sido de una crueldad extremada para él y respondió con la única arma que en su mano quedaba, el desprecio, el negarse a convertirse en personaje de las páginas rosa, de los programas de televisión. A ser cazado, devorado por los perros, como los zorros, como las cabras, arrancado y vendido como las rosas, talado como el ficus, por las revistas de papel brillante o los ingleses, o nosotros.

Y sopla el viento. Me muevo un poco sobre la piedra. Tiberius Hemsterhuis[219] aseguró, más o menos cuando naciera el Emperador, que en cada hombre ha sido depositada una porción del principio divino y a él le corresponde dejarla estéril o hacer resplandecer los abismos del alma en que esta cimenta su armonía con el cosmos. Intento descubrir entre las casas de enfrente el tejado de la de Trino Cruz. Atraviesa a veces un barco que llega de Tánger. Hombres de camisa blanca y pantalón de dril podrían contemplar mi roca desde la cubierta. ¿Estaría la porción del principio divino en la mano, el pulgar, la nariz, la oreja o el cabello de Fernão Lopes? Sin embargo, entre las cabras y las rocas, supo hallar la armonía del cosmos. ¿Quedó, pues, agradecido a quienes lo abandonaron? ¿O fue aquí, frente a la colina incultivada, entre las casas que aún casas no son, donde fue desechado el marinero Lopes y se encontró a sí mismo?

Trescientos años más tarde desembarcó el Emperador, que ya no era, en Santa Elena. Tenía su vida concluida y diez

---

sierta de Santa Elena. Al cabo de diez años retornó a Portugal e, incluso, fue recibido en Roma por el papa y solicitó volver a la isla a vivir en soledad. Fallecido treinta años después en 1545.

[219] Tiberius Hemsterhuis (1685-1766), filólogo holandés.

años menos de los que tengo yo, que lo miro descender de la nave. Conoció la soledad, cultivó el jardín, oyó sin duda al pájaro y durmió mal las madrugadas en las que las trompas de caza y las jaurías de perros aspaventaban a las cabras. Pidió cambiar el entelado de sus habitaciones y protestó del frío. Nada dijo de los amplios paisajes que había contemplado, ni mentó los hábitos extraños, ni habló de las derrotas no reconocidas. Y no había visto nunca un dibujo de Goya.

Se asomó a un breve acantilado y vio flotar un cuerpo. Mecíalo la corriente y unos pantalones de dril se deformaban en bultos grotescos y bolsas de injusticia. Miró hacia el horizonte que, próximas, cerraban colinas incultivadas y montañas lejanas. Pudo venir de allí el pájaro que canta. Se acercó a la orilla, por los rizos y el color del pelo supo que no era uno de los viejos soldados polacos. Tal vez un mameluco[220]. ¿Llegó por liberarlo, por lograr que escapara de la isla o huyó del otro lado por buscar el imperio?

Y dijo el Emperador: La diferencia entre ellos y nosotros está en que nosotros no mataríamos. Te equivocas, contestó el pájaro, la diferencia radica en que no podríamos matar, seríamos incapaces de hacerlo. Viene a ser lo mismo, contestó el prisionero de la isla. No es así, repuso el pájaro; la diferencia viene dada no porque elijamos no matar, sino porque no somos capaces de plantearnos la posibilidad de hacerlo; mas no hay en ello mérito alguno. El mérito, dije yo, es buscar comprender siempre. ¿Y dónde está el límite de la comprensión?, preguntó el pájaro, ¿hasta dónde y hasta cuándo puede comprenderse? Buscar comprender, dijo el Emperador, puede ser ya una muestra de cobardía.

Estamos el pájaro, las cabras, Fernão Lopes, el Emperador, Francisco de Goya y yo sentados en las rocas de Punta

---

[220] 'Mameluco': soldados de origen egipcio que vinieron a España en el ejército de Napoleón. Goya los pinta en el famoso cuadro sobre el 2 de mayo de 1808.

Carnero[221] que el viento azota y el mar entenebrece. A nuestra espalda hay casas que aún no son casas y, más lejos, una colina incultivada. Un restaurante tiene el mirador acristalado para que nada de fuera alcance a los clientes. Discutimos sobre cuál puede ser el tejado de la casa de Trino Cruz. El pájaro, a veces, canta. Tampoco era un mameluco, dice el Emperador. Vino del Rif[222], asegura una cabra. Las olas acercan el cuerpo hasta la orilla. No tiene nariz, ni orejas, ha perdido el pelo, le arrancaron el brazo derecho y los peces le comieron el pulgar izquierdo. En sus heridas cimentó la armonía con el cosmos, dice la voz profunda del marinero Lopes. Goya dibuja unos soldados franceses atormentando a un paisano español; pone debajo «¿Por qué?». En otra hoja escribe «Populacho» y sigue dibujando. Yo pregunto si comprender pudiera ser ya una cobardía.

Y sobre el mar flotan el tiempo, el aire y la costumbre de nunca detenerse[223].

---

[221] Punta Carnero es un cabo que constituye el límite occidental de la bahía de Algeciras.

[222] El Rif, región montañosa del norte de Marruecos.

[223] Este enigmático capítulo, así como el anterior, «El mono», exigen una interpretación simbólica que se ha llevado a cabo en la Introducción.

Los cuadernos

En el *Libro del desasosiego,* de Fernando Pessoa, leo unas líneas puestas en la pluma de uno de sus personajes heterónimos: «Ocupé mi tiempo los días pasados en quemar uno a uno —y tardé dos días porque en ocasiones releí— todos mis manuscritos, las notas para mis pensamientos difuntos, mis apuntes, a veces fragmentos ya completos, para aquellas obras que nunca escribiría. Hice sin dudar este sacrificio con el que quiero despedirme, como quien quema los puentes, desde el margen de la vida de la que voy a despedirme».

Lo sorprendí rompiendo aquellos cuadernos de pastas duras en los que pasó a limpio, un día, con tinta de color morado, los poemas juveniles. Fuiste desgarrándolos y entregaba las hojas rotas a Maruja para que las echase al fuego. Pregunté por qué lo hacía y contestó secamente. ¿O, simplemente, contestó? Con el tiempo no puedo precisar el tono de sus palabras en esa escena en blanco y negro, de película, si no muda, sí de imagen desacoplada del sonido. Respondió, cuando le pregunté la razón de romper entonces aquellos cuadernos, que eran varios, tres o cuatro, cuadernos de pasta dura, escritos con tinta morada, unos cuadernos de los que nunca habíamos hablado, que descubrí un día escondidos detrás de una fila de libros, como escondía una vieja carterita militar que aún conservo donde guardaba el dinero. Recuerdo a Maruja dividiéndolo con él para la compra, a primeros de mes, y a él que protestaba porque siempre le pedía algo más y, temerosa, replicaba que todo era más caro. ¿Cómo explicar aquí, estimado y distante lector, que si Leopoldo discutía cada primero de mes con Maruja la verdad es que, cruelmente, volcaba sobre ella, inocente, sus iras contra la política económica del dictador?

Recordé esta escena, un día, en Lisboa, frente al Tajo, subido por los azulejos, en el barrio donde los judíos discutían entre sí cómo negociar el impuesto que la corona les imponía, cuando llevé mis pensamientos con pluma y tinta azul a un cuaderno cuya tapa muestra un retrato de Fernando Pessoa con sombrero, pensé que no era casual que aquellos poemas de juventud, escritos en su mayoría durante una guerra que perdió, se guardaran en el estante, tras los mismos libros, donde dejaba descansar por poco tiempo la humilde paga mensual a la que la derrota le había postergado. Las *Odas elementales,* de Pablo Neruda, *Pasión de tierra,* de Aleixandre, *Redoble de conciencia,* de Blas de Otero, *Laberinto,* de Juan Ramón Jiménez, *Las cartas boca arriba,* de Gabriel Celaya, servían de dique, trinchera y ocultación a poemas y dineros combatidos, a sueños y a vida, a la realidad y al deseo[224], mejor, al deseo de una realidad habitable. La que buscaba, ángel fieramente humano[225], en los imposibles pájaros[226].

El caso es que lo vi, con la puerta acristalada abierta de aquel armario comprado en el rastro un fin de semana. ¿Qué fue luego de él? Maruja tal vez consiguió venderlo y el armario siguió guardando los secretos, la pobre paga, los

---

[224] Se refiere al libro de Luis Cernuda *La realidad y el deseo* (1936). Los libros citados se publicaron en 1954, 1935, 1951,1913 y 1951, respectivamente.

[225] Título de un libro de Blas de Otero, de 1950.

[226] *Los imposibles pájaros* es el título de un libro de Leopoldo de Luis, de 1949.

libros escolares, incluso del alimento de un dueño y otro dueño y otro dueño. De cada casa se llevó retazos de conversación, fragmentos de poemas, pobres discusiones de dinero pobre, suspiros amorosos, conversaciones de oficina. Allá fue navegando un armario de secano, repleto de memoria y de olvido, de caricias y de golpes, como un hombre más, una mujer, un ser que vio pasar los días a su lado. Hasta que alguna vez, alguien lo fue sin duda despiezando y lo echó, astilla tras astilla, al fuego. Un fuego, una fragua, un yunque y un martillo donde la guadaña nace.

Y él estaba junto a la puerta abierta del armario, sacaba los cuadernos, los rompía, pasaba las páginas rasgadas a Maruja y escuchó la pregunta evidente, la que exigía la escena hasta hacerla sobrar. ¿Por qué hacerlo? ¿Por qué arrancar las hojas del cuaderno? ¿Por qué no conservar los poemas? Y llegó la respuesta simple, tal vez quejosa, como si lamentara decirla, seca en su timidez, rotunda: Porque no me fío de ti. Ya está, tan breve. Tan hiriente. Solo eso.

¡Cuánto me ha costado transcribirla, escribírsela a usted que me lee, cuántas vueltas le di y, sin embargo, qué fácil era! Porque no me fío de ti. ¡Tan dolorosa! ¿O puede dársele la vuelta y pensar en un elogio? Pudiera esconder admiración —la que en esto tenía, con amor de padre— por un trabajo crítico y erudito que, en un futuro, solo podría conducir a preparar una edición crítica para una editorial, incluso prestigiosa. Así, como si fuese el Cid y en la playa de Valencia, triunfar después de muerto. ¡Qué disparate todo! Pero ¿acaso la vida no es un gran y genial disparate?

La memoria, el tiempo y el olvido. Una amalgama. Un presente continuo. Un vacío que la literatura colma. Los libros uno a uno se extienden por el tiempo. Los leo uno a uno también, este mismo, y veo extenderse la vida ya olvidada. Lleno así todas las horas, las reboso de trajes y palabras, de personajes de papel recortado y de silencio, que a esto llamo memoria. Pero nosotros ni siquiera no sabíamos que no supimos nunca. Ignorábamos que no hay conocimiento.

Precisa la memoria del olvido. Y el hombre no conoce los vacíos. Vemos que no se ve. Solo oímos el silencio. Creemos que no existe la creencia. Somos seres que no existen. Dice la leyenda: «Formó, pues, Jehová Dios al hombre del polvo de la tierra, y alentó en su nariz soplo de vida». Un disparate.

Todos perdimos algo en ese tiempo vacío que hacíamos por llenar cada mañana. Siglos y más siglos llenando de vacío un recipiente roto. Un día decidió romper la imagen del principio, los primeros poemas, la huella del recuerdo. Me dejaba al margen porque solo nos acompaña el que nunca abandona: uno mismo. Fue su lección. No hay presente alguno, solo nuestra carga de pasado. Le pidió a Maruja que lo ayudara a hacerme comprender que tras nosotros se corre un telón infinito de olvido y de memoria.

Primavera

Todo lo he querido describir como lo haría la verdad y no los poetas. Busqué entender el mundo oyendo la música de la humanidad, pues la permanencia del universo radica en la palabra. He leído el paisaje como en los lagos de Cumbria[227], pero sé bien que mi padre tenía muy pequeños los ojos y solo desde dentro miraba.

En esta tierra la muerte llega flotando o la trae el mal viento. No está aquí. Aquí solo hay vida capaz de levantarse sobre la ola y la tormenta. Un día tomas el tren o aventas en el mar las cenizas de los tuyos. Crees entonces que te has subido ya a una muerte pequeñita. Pero quedan los lugares, la amistad y el recuerdo. Porque la vida hizo en mí su nido.

---

[227] Cumbria: condado de Inglaterra donde se sitúa la casa que fue del poeta William Worsworth, que está en el fondo del apartado «El preludio».

Es la memoria un gran don,
calidá muy meritoria;
y aquellos que en esta historia
sospechen que les doy palo,
sepan que olvidar lo malo
también es tener memoria[228].

JOSÉ HERNÁNDEZ
Martín Fierro

[228] Penúltima estrofa de la famosa obra argentina de José Hernández (1834-1886), *Martín Fierro*, publicada entre 1872 y 1879.

Colección Letras Hispánicas